Der Ursprung der Kunst

Der Autor

Wilhelm Bölsche studierte Philosophie, Kunstgeschichte und Archäologie an der Universität Bonn. Er gilt als der Schöpfer des modernen Sachbuchs. In Dutzenden von Büchern und Bändchen popularisierte der Freidenker, Monist und Evolutionär das Wissen seiner Zeit.

Über das Buch:

Wie kommt der Mensch zur Kunst? Was ist ihre Abstammung?

Kunst ist laut Wikipedia vom Ursprung her eine kultische Erscheinung, die sich zeitgleich oder im Zusammenhang mit vorzeitlichen Kulten oder Religionen entwickelte. Sowohl Malerei und Skulptur als auch Musik und Tanz treten bereits in der Altsteinzeit in Erscheinung. Zu den frühesten Zeugnissen von Kunst gehören die knapp 40.000 Jahre alten Elfenbeinfiguren aus dem Lonetal, die Flöten aus dem Geißenklösterle oder die Höhlenmalereien aus der Grotte Chauvet. Historisch entwickelten sich die Künste aus ihrem Beitrag zur materiellen Organisation von Kulten und Ritualen. In der Frühzeit menschlicher Entwicklung ist das Auftreten von Kunst einer von mehreren Indikatoren für die Bildung von Bewusstsein und menschlichem Denken.[1]

Eine populäre Darstellung über den Ursprung der Kunst vom Schöpfer des modernen Sachbuchs.

---

1   Seite „Kunst". In: Wikipedia – Die freie Enzyklopädie. Bearbeitungsstand: 11. Mai 2022, 11:26 UTC. URL: https://de.wikipedia.org/w/index.php?title=Kunst&oldid=222793110 (Abgerufen: 1. Juli 2022, 12:23 UTC)

Der Ursprung der Kunst

Von
Wilhelm Bölsche

Mit 14 Tafelbildern und
1 farbigem Coverbild

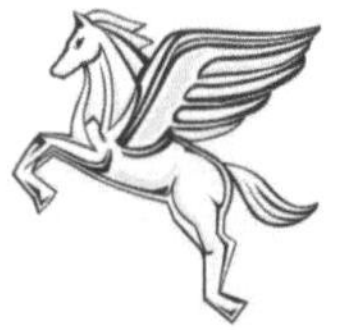

ToppBook Wissen Bd. 33

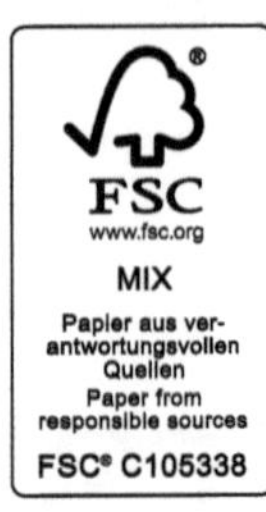

Bibliografische Information der Deutschen Nationalbibliothek:
Die Deutsche Nationalbibliothek verzeichnet diese Publikation in der
Deutschen Nationalbibliografie; detaillierte bibliografische Daten
sind im Internet über dnb.dnb.de abrufbar

Neusatz

Herstellung und Verlag: BoD – Books on Demand, Norderstedt
ISBN: 978-3-7562-3406-6

In meinen Knabenjahren gab mir ein Buch viel Anregung, das den hübschen Titel führte: „Entdeckungsreisen in Haus und Hof".

Es knüpfte bei den alltäglichen Dingen unserer Umgebung an und spann daraus naturwissenschaftliche Belehrung.

Von dieser Lektüre ist mir eine Liebhaberei geblieben, auch bisweilen vom Nächsten meines Arbeitszimmers, dem Stuhl, auf dem ich saß, dem Tisch, an dem ich schrieb, an Fernes und vergeistigtes meiner Arbeit selbst zu denken. Dabei ist mir gelegentlich auch ein Einfall gekommen, der, öfter halb im Scherz gesprochen, hier doch etwas ausgeführt werden mag.

Angenommen, die ganze menschliche Kultur würde noch einmal unter dickem Eis begraben wie die berühmten sibirischen Mammutleichen. (Es gibt ja allerhand Kältetheorien, die so etwas vorsehen, obwohl ich selbst nicht übermäßig viel davon halte.)

Und nun käme von irgendeinem Stern eine Sorte überkluger Wesen, nach undenkbaren Zeiten vielleicht, und veranstaltete wissenschaftliche Ausgrabungen.

Wir kennen ja aus eigener Erfahrung, was da später alles noch einmal interessant wird: die bedenklichste Topfscherbe kommt zuletzt noch irgendwo hinter die Glasscheiben eines Museums, wir gedenken aber auch des Zufalls solcher Grabung. Also eine Weile, würden vielleicht ausgespart lauter Gegenstände unserer Zeit herauskommen, die praktischen Nützlichkeitszwecken gedient hatten. Die findigen Gelehrten, selber etwa gerade darauf gestimmt, würden feststellen, daß diese verschollenen Erdwesen durchaus Kühle Verstandespraktiker gewesen sein müßten, die keinen Finger für etwas anderes rührten als für solchen unmittelbaren Nutzzweck des Alltags-Kampfes.

Plötzlich aber sollte das Holzgerüst des alten braven Sessels sich zeigen, auf dem ich seit Jahren bei meiner schriftstellerischen Tätigkeit zu sitzen pflege. Ein sog. Lutherstuhl von immerhin, wie nicht zu leugnen, ganz solider Nutzarbeit im Sinne solchen Besitzens — hat er doch so lange Zeit treu ausgehalten, ohne andere Gebresten als ein leises Knacken. Man würde messen, daß ein Mensch rückseitig bequem hineinpaßte, Lehnen, Beine, alles Wesentliche dem Tragen und Stützen angemessen war — kurz ebenfalls „Zweck".

Jetzt aber doch etwas Überraschendes, Widersprechendes, Rätselhaftes, wie es als Kobold so oft schon die kluge Forschung geäfft hat.

Die Seitenlehnen meines Stuhls laufen in zwei wohlgefällige Schnecken aus, die Rückhalter hinauf zieht zierliches Ornament, und die Knäufe der Hauptlehne sind jederseits zu zwei deutlichen, wenn auch in sich etwas stilisierten Löwenköpfen ausgeschnitzt.

Hier würden aus dem bisher allein verfolgten Gedanken heraus mehrere sehr schwierige wissenschaftliche Abhandlungen nötig werden über eine zunächst unbegreifliche, nämlich aus dem reinen Nutzprinzip völlig widersinnige Absicht oder Eigenschaft der vereisten ehemaligen Erdenwürmer — voll kühner Hypothesen, von denen vielleicht keine gleich den Nagel auf den Kopf getroffen hätte. Die gescheiten Herren von da oben hätten nämlich einfach — die menschliche Kunst entdeckt.

Ein irgendetwas, das doch noch einmal neben dem zunächst so sonnenklaren Nutzzweck herliefe als (dazu gehalten) purer Luxus, Allotria, die offensichtlich auch Arbeit gefordert und doch (in unserem Falle) den realen Sitznutzen des Stuhls selber in gar keiner Weise erhöht hätten.

Es würde im Verfolg der Ausgrabungen sicherlich eintreten, daß unsere Gelehrten dergleichen Wunder noch mehr und noch viel intensiver entdeckten, ja zuletzt die ganze ehemalige Menschheit in einem Ozean ähnlicher „zweckloser" Dinge herumplätschernd fänden, die sie schließlich dazu begeistert hätten, einfache brave Stützpfeiler in griechische Säulen zu verwandeln und gar eine Gewölbedecke mit der unerhörten Überflüssigkeit bunter Farbflecke in der Anordnung der sixtinischen Gemälde Michelangelos zu übertünchen.

Nun, wir Menschen, die wir erfreulicherweise noch nicht im Eis liegen — wir haben es ja zu unserer Zeit selber auch hierin besser gewußt.

Wir wußten und wissen, daß es sich hier um eine Betätigung unseres tiefsten Menschenwesens handelt, die allerdings nicht ein Anhängsel unserer Sitz- oder Eß- oder Hautätigkeit und der daranknüpfenden Technik ist — die aber gerade deswegen kein wirklicher Luxus, sondern uns in einer andern Schicht Dasein ebenso „brotnötig" geworden ist, wie nur irgend etwas dort drüben selbst." vom nackten Papuaneger bis zum verfeinerten Hochkulturträger diesem Menschen die Kunst fortnehmen, hieße sein halbes Leben vernichten oder eigentlich sogar noch mehr.

Denn überall, wo des Lebens gemeine Not mit ihrer Technik uns nur etwas Freiheit läßt, da bricht diese Kunst alsbald mit einer Wucht und Allgemeinerfüllung hervor, daß man klärlich merkt, sie bilde recht eigentlich eine wahre Unterschicht alles Menschlichen überhaupt, die bloß wartet, von einem gewissen Zwang befreit zu werden. Jene ganze Nutztechnik, so gewaltig und glücklich sie sich auch allmählich entwickelt haben mag, erscheint in Wahrheit nur als ein gewisses ihr abgetrotztes Reservat, das sie doch auch noch jeden Augenblick zu sprengen, mindestens zu überwuchern droht.

Man muß ein ethnographisches Museum oder ein Zeughaus besuchen, um sich zu überzeugen, wie selbst bei den bösesten Waffen sozusagen kein überzähliges Fleckchen frei wird, daß sich nicht sogleich die Kunst darauf stürzte, den Dolchgriff, Giftpfeil oder Gewehrkolben mit ihrem Ornament zu schmücken. Der Papua ist uns sogar im reinen Kunstgewerbe darin noch über, während wir auf oberer Kulturhöhe dafür auch unsere obersten Geisteswerte alle mit Kunst durchwachsen haben.

Und wenn man vielleicht einen Moment geneigt sein konnte, den Gedanken doch bei unseren allermodernsten maschinellen Errungenschaften lahm laufen zu lassen, so möge man sich bloß erinnern, wie wir schon wieder für so typisch Modernes wie einen Bahnhof oder eine Flugzeughalle nach einem neuen „Kunststil" suchen, kaum daß wir die Technik haben. Auch hier ist nur erst ein kleines Aufatmen nötig, um sofort auch die andere Kraft zurückzubringen.

Zu schweigen von den unendlichen Gebieten wie Musik oder Dichtung, wo die Notwehr des unmittelbar Nützlichen überhaupt kaum antippt, und der Tatsache, daß der tiefste Ideengehalt unseres ganzen Kulturbewußtseins sich eben in den Formen der Kunst verkörpert hat; man denke sich nur Goethes „Faust" herausgenommen aus dem Lebensgesetz dieser Kultur: es wäre, wie wenn der Mexikaner einem Opfer das Herz ausschnitt. Aber man raube selbst jenem Papua seinen Tanz, seine Tamtam-Musik, seine Malereien und Schnitzereien, versuche den künstlerischen Phantasiegehalt unter seinen religiösen Vorstellungen fortzuziehen, und man würde im buchstäblichen Sinne auch bei ihm schon mit dem scheinbaren Beiwerk den wahren Nerv seines Daseins vernichten. Und wenn wir an Fortschritt auch noch unserer oberen Kultur denken, wenn wir Bannung der Lebensnot für möglichst weite Volkskreise, sozialen

Heraufgang, mehr Luxusraum gleichsam gegenüber der Notarbeit erstreben — was schwebt uns auch da immer wieder vor, als daß wir den Menschen auch befreien zum vermehrten Anteil an diesem seinem besten, tiefsten, reichsten Weltinhalt — der Kunst.

Durchaus entsprechend dieser grundlegenden Bedeutung sehen wir an diese Kunst von der Menschheit seit Jahrtausenden tatsächlich nicht eine nebensächliche, sondern eine ungeheure Arbeit gewandt, die sinnloseste Energieverschwendung wäre, wenn das Exempel Menschengeist wirklich mit der gewöhnlichen Nützlichkeit aufginge.

Mag diese Kunstarbeit entsprechend dem höheren Selbstzweck eine freiwilligere und darum angenehmere sein als die Kraftanspannung dort. Mag für einen großen Teil Menschen (was übrigens bedingt auf die Technik selbst zutrifft) ihre Aneignung sich fast als mühelose Glücksquelle vollziehen — so kennen wir doch auch hier alle die unendliche Arbeit des Erstschaffens, die hingebende Helden- und Märtyrerrolle des Einzelkünstlers, der sich an seinem Werk verzehrt und verblutet, das fast wie ein neuer Mensch auch ihm unter Schmerzen geboren werden muß.

Und auch daran werden wir denken müssen, daß zwar Kunst als solche mit dem praktischen Nutzzweck des Lebenskampfes nichts zu tun haben soll, schlecht und unrein wird, wo sie sich mit ihrem inneren Wesen den Tendenzen und Forderungen solcher Nützlichkeit anzupassen sucht — daß aber hinter der erfinderischen Tätigkeit selbst auch innerhalb der Technik, soweit auch sie mit dem genialen Blitz, der Intuition und Phantasie, rechnen muß, Anteile des künstlerischen im Menschenhirn sichtbar werden. Auch der ordnende und kombinatorisch schauende Geist der strengen Wissenschaft, die Logik der Philosophie arbeiten zuletzt mit einem wohl erkennbaren künstlerischen Einschlag. Unsere Sprache, dieses kostbarste praktische Verkehrsmittel der Menschheit, wäre nicht möglich geworden ohne den Ur-Anteil des Musikalischen und zugleich der Einstellung auf das Begriffliche, das Typische gegenüber den Einzeldingen, das von je zugleich als ein Grundelement künstlerischer Schau erkannt worden ist.

Es hat bisweilen ja der Auffassung von diesem Ur- und Wesens. Element der Gesamtmenschheit in der Kunst geschadet, daß man eben im Alltagsleben das künstlerische nur für eine außergewöhnliche, an wenigen seltenen Einzelmenschen haftende Gabe zu halten liebtet Der Dichter, der Maler erschienen als ein mehr oder minder abnormer Gelegenheitsfall, dessen Auftreten man unter Umständen sogar auf bestimmte erregtere Epochen der Geschichte einschränken wollte und von dem ein sehr bekannter neuerer Philosoph hat drucken lassen, daß er wohl nächstens ganz aussterben werde, wie wir doch auch die eigentlich schon uralte Idee kennen, alles Geniale, also auch das künstlerische, stelle im Grunde nur eine Art persönlicher Krankheit, eine Form des Wahnsinns, dar — woran vermutlich nur so viel richtig ist, als im Sinne eines Barometers der denkbar höchste Stand immer ebenso wie der denkbar tiefste etwas Abnormes zur braven Mitte hat.

Aber diese ganze einseitige Ansicht vom vereinzelten des Künstlers ist überhaupt getrübt, hier wie überall ist der ganz große schaffende Genius gewiß etwas Einsames, dessen Austauchen an uns noch völlig unbekannten Gesetzmäßigkeiten haftet; aber seine Leistung wäre wertlos, wenn nicht in der Gesamtmenschheit ebenso sicher eine Resonanz für dieses künstlerische bestände, die seine Anregung aufnimmt, weitergibt und in ihrer Weise erst zu einem Gesamterlebnis und Kulturwert macht, wir wissen nichts von Homer, wenig von Shakespeare und fühlen doch, daß ihre Wirkungen eine Macht sind, die uns alle durch die Zeiten erfüllt und so gut den Erdrund erobert hat wie nur irgendeine beste technische Erfindung. Die scheinbare Trennung und doch entscheidende innere Zusammenarbeit von Genius und Menge ist keineswegs eine Erscheinung bloß der Kunst; sie spiegelt auch hier nur ein Grundgesetz aller menschlichen Geistesbetätigung überhaupt.

Wie stark aber gerade auch das künstlerische Element in allen Menschen wurzelt, dafür gibt es vielleicht keinen sinnfälligeren Beweis als das frühe und tiefe Erwachen dieses Gefühls bereits im Kinde. Es taucht ganz allgemein auf, ehe noch die eigentliche Nützlichkeitsbewältigung des Lebens im Sinne von Lernen beginnt. Jean Paul hat gelegentlich sehr hübsch von dieser ursprünglichen Kinderphantasie gesagt, daß im Wesen jedes Kind ein Dichter sei und die späteren wirklichen Künstler sich nur dadurch von ihren Mitmenschen abhöben, daß sie eben in stärkerem Maße Kinder geblieben seien.

Der Mensch ist ein sehr vielseitiges Wesen, und auch die Technik des Notkampfs holt aus ihm gewaltige Kräfte heraus, die sich gerade mit unserer neuesten Kultur ins Unermessene gesteigert haben, so riesig, daß wir geneigt sein möchten, alles andere darüber zu vergessen. Aber diese Kräfte der Nutztechnik scheinen doch wirklich immer nur nachträglich ein gewisses engeres Gebiet Herauszugreisen aus dem ungeheuren Grundreichtum des im Ganzen des Menschengeistes Gegebenen. Und in diesem Ganzen lebt und webt als eine ursprünglich von diesem Zwang freie Urmacht auch die Kunst.

Daß auch sie ausübend in weitem Maße in die Mittel dieser Technik, nachdem solche einmal gegeben waren, eingetreten ist, also die Stufe des Werkzeugs und der damit gebotenen äußeren Projektion mitgemacht hat, kann dabei nur den überraschen, der im Menschheitsgeist an vollkommene innere Schranken glaubt. In Wahrheit ist dieser Geist bis zu gewissem Grade auch in seinen äußeren geschichtlichen Erfahrungen und Erprobungen immer eine Einheit geblieben und nie zu einer nachträglichen Mosaikarbeit geworden. Nichts Menschliches ist dem Andersmenschlichen in uns selbst jemals ganz fremd geworden.

Ein altes gutes Wort sagt: bilde, Künstler, rede nicht. Du sollst Kunst ausüben, du sollst dich an ihr freuen, aber du sollst nicht über sie sprechen. Das Wort ist alt und wahr, und doch bewährt sich auch vor ihm eben diese Einheit des menschlichen Geistes.

Wenn schon einmal das Philosophieren (und das ist ja das richtige Fachwort für Darüberreden) in unserem Bewußtsein eine Rolle spielen soll, so müssen wir es gelegentlich auch auf die Kunst anwenden. Und es wird uns erleichtert, wenn wir deutlich gewahren, daß auch diese Kunst, so intuitiv sie zuletzt sein mag, ihre innere Logik und ihr selbstgestelltes Gesetz hat.

Es gibt gewisse Züge an ihr, die immer wiederkehren und die man sehen kann, auch ohne gleich in die schwierigsten Paragraphen ästhetischer Wissenschaft sich hineinzulesen.

Alle Kunst als inneres Erlebnis im Künstler hat zunächst eine sehr deutliche Beziehung zu etwas, das wir durchaus nicht erst auf den Höhen solcher Ästhetik zu suchen haben, sondern das uns allen allnächtlich geläufig ist: nämlich dem Traum.

Das wache Dasein macht uns unausgesetzt zum Zuschauer von außer uns (wie man wenigstens hergebracht sagt) verlaufenden Handlungen. Unser Gehirn aber bewahrt davon Erinnerungen, die wach doch immer etwas von fernen, halb verblaßten Schemen annehmen. Diese Erinnerungen schafft der Traum mit seiner schon in ihm wirksamen Phantasiekraft wieder zu einer neuen, vollbelebten Wirklichkeit um, wenn auch zunächst nur innerlich.

Die gleiche Phantasie aber erzeigt sich in ihm nicht nur wiederbelebend, sondern auch bereits darüber hinaus selbsttätig neu schaffend, neu gestaltend. Sie verknüpft die wieder lebenskräftigen Bilder zu neuen Handlungen, neuen Gestalten weit über alles wirklich Erinnerte hinaus, indem sie uns selbst zugleich lebhaft und scheinbar wie in die äußere Wirklichkeit hineingerissen mitspielen läßt.

Allnächtlich übt diese Kraft jeder von uns aus, ob er nun ausübender Künstler sei oder nicht. Es ist ein ungeheuerlicher Gedanke, was für eine Belebungs-, was für eine Gestaltungs- und Erfindungsfülle beständig so schon von der Menschheit erzeugt wird, wenn sie auch zunächst mit dem Erwachen immer wieder verpufft.

Von diesem echten Traum unterscheidet sich das künstlerische Erlebnis nun zunächst nur wie eine Art wachen Traumes.

Auch in ihm belebt die Phantasie innere Motive bis an die Grenze wieder voll durchbluteter Wahrheit und vollzieht zugleich mit ihnen neue Gestaltung mit neu verwebter Handlung. Nur daß das Wachen zugleich eine viel größere Ordnung hält, wenigstens bis zu gewissem Grade immer dem inneren Meister den Taktstock klar in der Hand läßt. Im höchsten künstlerischen Schwung wird auch er sich als Person in sein Werk hineingerissen fühlen, aber doch nicht entfernt so passiv, nicht überrumpelt, sondern viel mehr bewußt sein Leben und Herzblut nur gleichsam leihweise in seine Gebilde, seine Gestalten einströmend, um sich ebenso bewußt jederzeit wieder abzulösen, wo er will.

Wie freilich die Phantasie selber arbeitet, heraufwirst, beleuchtet, vereint, zum Spiel stellt und verknüpft und was sie selber im letzten sei, das wird auch im wachen Kunsterlebnis uns niemals völlig klar. Hier wahrt sich auch in ihm der letzte und unentbehrliche Traumcharakter, bleibt auch ihm immer jener Eindruck des Intuitiven, aus dem Unbekannten heraus Zuströmenden. Das „Es", das die Puppen tanzen macht. Der „Furor", von dem so oft beim Dichter die Rede gewesen ist und der doch meiner Überzeugung nach so ganz und gar nichts mit dem Wahnsinn zu tun hat und sich zur echten künstlerischen Tat nur entwickeln kann, wenn er eben auf der anderen Seite in einem ganz klar überlegenen, gesunden und wachen Gehirn auftaucht.

Bis hart an den Schatten dieses Dunkelgebiets heran lassen sich dann für diese Tat selbst allerdings gewisse Gesetzmäßigkeiten mehr oder minder deutlich erkennen, die durchweg weit über den echten Traum hinausgehen.

Zu dem inneren Beleben und Neugestalten, je weniger es wirklich echt traumhaft verpufft, tritt gleichsam als Ersatz der Drang zum äußeren Schaffen, wie die Technik sich über das Organ hinaus ihr Werkzeug gebildet hat, so sucht auch der Künstler das Werkzeug seines Ausdrucks. Er projiziert in die Außenwelt — wesentlich jetzt mit der Klarheit des Wachseins noch in erhöhtem Sinne.

Diese Klarheit wird ihn im Allgemeinen doch verhindern, sein Kunstwerk auch auf dieser Stufe zu verwechseln mit Gebilden der gewöhnlichen äußeren Wirklichkeit.

Wohl bildet auch er es nach der Wahrheit seines inneren Erlebnisses, gibt es also in diesem Sinne als möglichste Wahrheit auch äußerlich — eben als Kunstwahrheit. Nicht aber als Konkurrenz und Mitspiel noch einmal zu der gemeinen Wahrheit dort. Ich möchte sagen: je mehr der Künstler ganz rein in sich Künstler ist, desto weniger wird er bei seiner Kunst an Tendenzen, Zwecke, Rücksichten, Einflüsse, Nützlichkeiten, Beziehungen überhaupt seiner Kunst im profanen Leben denken.

Während er anderseits allerdings die echten Innenzüge seines künstlerischen Erlebnisses selbst bald so, bald so auch äußerlich stärker hervorkehren mag. wie dieses Innenerlebnis gleich dem Traum selbst bald mehr Erinnerungsstoff aus der gemeinen Wirklichkeit belebte, bald von sich aus stärker neu gestaltend sich bewährte — so wird er etwa als bildender Künstler auch bald mehr solche reinen Erinnerungsbilder und unmittelbaren Abbilder selbst herauszuprojizieren suchen, bald stärker eigenes Neumaterial. Im einen Falle wird das Kunstwerk sich immerhin mehr Gebilden der gewöhnlichen Wirklichkeit anähneln, im anderen entferntere eigenere und freiere Wege gehen, die es auch äußerlich sichtbar stärker von dieser Alltagswelt scheiden.

Ich denke, man erkennt hier bereits jene beiden Züge, die in weiten Gebieten der Kunst stets eine so gewaltige Rolle gespielt haben: den mehr naturalistischen Zug, der auch in der Kunst die Natur stärker nachzuschaffen scheint — und den neugestalten« den, der auch darin seine Sonderwelt bewährt, daß er durchweg Nieerlebtes in seiner Sphäre erleben macht. Unsere Betrachtung wird noch auf diesen wichtigen Gegensatz zurückführen.

Wo immer wir aber diese eigentliche Neugestaltung selbst im Kunstwerk wirksam sehen im Gegensatz zur naturalistischen Nurneubelebung — da treten uns auch in ihr, so scheint es, wieder besondere gesetzliche Regelmäßigkeiten entgegen.

Die Kunst als wirkliche Neuschöpferin bleibt auch darin dem echten Traum stets gleich, daß sie nicht bloß aneinandersetzt, sondern auch ihre Neugebilde immer wieder zu Einheiten von innen heraus zu beseelen vermag.

Wenn sie menschliche Gestalten im inneren Erlebnis schafft, die so nie profan wirklich existiert haben, Handlungen, die sich so nie vollzogen haben, so gibt sie ihnen doch wieder diese volle Persönlichkeit und Lebenskraft, die (so schwer es sein mag) im großen echten Kunstwerk auch äußerlich projiziert noch durchaus als solche auf uns wirkt. Deshalb ergreift uns die Madonna, die so nie auf Erden gewandelt ist, mit so absolut überzeugender Gewalt, folgen wir dem Shakespeareschen Drama mit der ganzen atemlosen Spannung des Erlebens. Diese Schau aus geschlossener innerer Einheit lebt aber ebenso in aller echten Musik, lebt in jeder Säule eines Griechentempels, wirkt aus Beethoven wie aus dem einsamen Koloß! der Asphodeloswiese zu Pästum.

Man hat gelegentlich billig bemerkt, auch alle schaffende Kunst sei zuletzt doch nur eine Stückelarbeit aus längst gegebenem Wirklichkeitsmaterial. Das ist natürlich klar, daß sie Material benützt, genau wie der Traum von Erinnerungen zehrt. Aber gerade diese Betrachtung übersieht das eigentliche Wunder: daß nämlich die Neuzusammenfügung eben wieder neue Einheiten gleichsam aus dem Urgesetz des Lebens selbst herausbildet; Material hat auch die Natur immer wieder verwertet und ist doch von Urzeiten bis zum Menschen gekommen. Raffaels Dresdener Madonna oder der Moses des Michelangelo mögen aus noch so vielen verschollenen menschlichen Modellteilen aufgebaut sein, so sind es doch nicht diese Teile, sondern es ist die neue künstlerische Einheit, die uns als das eigentliche Meisterwunder darin ergreift.

Wie die innere künstlerische Kraft das kann, das ist ja wie beim Traum wieder ihr Geheimnis. Aber daß sie es kann, erleben wir immer wieder, und wir sehen auch, daß diese innere Einheitsschau stark genug ist, selbst auf der Leinwand und im Marmor, also an sich dem sprödesten Surrogat, ihren ganzen Zauber noch durchzusetzen. Wobei wir nicht vergessen wollen, daß auch alle noch so naturalistische Kunst etwas von dieser Einheit braucht, wenn auch sie wirklich echt sein soll — für jedes Neuschaffen aber ist sie unerläßlich.

Zu ihr sehen wir dann, eng verknüpft, noch ein zweites treten.

In aller neu schaffenden Kunst glauben wir einen Zug zu erkennen auf ein Rhythmisches, ein harmonisches — eine Melodie, wenn ich's so nennen soll, nach der sie ihr Selbstgeschaffenes noch einmal gegen die gemeine Wirklichkeit korrigiert, stilisiert.

In der Musik selbst haben wir ein ganzes tiefstes Kunstgebiet, das ausschließlich darauf gebaut ist. Aber der Geist dieses Rhythmisch-harmonischen waltet nicht minder in jedem kleinsten Ornament, bis in das des zu Anfang geschilderten Lehnstuhls. Es lebt in jedem Vers und bildet das innere Gesetz jedes Dramas mit Steigerung, Krisis und Lösung. Es ordnet in unendlicher Feinheit (je unsichtbarer im groben Sinne, desto besser) die Linien der Sixtinischen Madonna, wie die der Peterskuppel.

Oft ist bemerkt worden, daß bereits über der allerersten Konzeption jedes Kunstwerks in der Seele des Schaffenden (auch für bildende oder dramatische Gestaltung) etwas wie solche musikalische Grundstimmung zu schweben scheint — Beweis, wie tief auch dieses Rhythmische bereits mit dem innersten Wesen aller Kunst verknüpft sein muß.

Zweifellos bildet auch zu ihm Voraussetzung jene tiefe Einheit des Kunstwerks in sich selbst, — aber noch mit einer Erweiterung.

Jede einzelne künstlerische Gestaltung, Handlung wird vom Künstler sogleich wenigstens bis zu einem gewissen Maße intuitiv überschaut. Mit dem ersten Rufschlag ahnt er bereits den Schluß, das Ganze kann rückwärts in die Teile hinein motivieren. Manchmal scheinen auch hier ganz besondere Geheimnisse der Intuition zu liegen: es wirkt wie ein Durchschauen ins Dunkle, das doch schon Richtlinien gibt. Ieder Schaffende wird sich hier an Rätselhaftes erinnern: als stände das Kunstwerk schon in einer anderen Dimension fertig und lenkte von dort. Man kennt Goethes Schilderung von dem blitzhaften Ruftauchen eines ganzen lyrischen Gedichtes, das nicht Zeit läßt, auch nur den Logen bei der Niederschrift geradezurücken. Kennt die ungeheure Kraft erster Erfindungsaugenblicke, wo das Ganze bereits wie Pallas Athene gerüstet aus dem Haupte des Zeus zu springen scheint.

Der Vorgang selbst mag zu den anderen Dunkelheiten in Traum und Kunst hingehen. Jedenfalls aber wäre jenes Rhythmische als typischer Kunstzug wohl unmöglich ohne diese gleichzeitige vor- und

Zurückschau. Rein geschlossenes Ornament käme zustande ohne sie, kein Reim im Vers, keine Folge von Dissonanz und Lösung, von denen die erste erst durch die zweite bedingt ist, in der Musik.

Das rhythmische Prinzip selbst kann man dabei sehr verschieden beurteilen. Ie nachdem man es klein nimmt oder im Größten sucht, wirklich bloß bei den gefälligen (Ornamenten eines Lehnstuhls sucht oder in den Klängen der neunten Symphonie und der Weltdichtung des Faust.

Man kann an ihm einfache Gesetze des besseren Wohlgefallens aussuchen, die uns eine geordnete Arabeske einem wirren Kracke! vorziehen oder (was selbst in die Kunstformen unserer Möbel, Fenster, Buchformate hinein verfolgbar ist) das mathematische Verhältnis eines Rechtecks mit Teilung nach dem sog. Goldenen Schnitt einem reinen Quadrat intuitiv voransetzen läßt.

Man kann aber ebenso (und jede vergeistigtere Kunst fordert das unbedingt) die wunderbare Kraft darin sehen, dem ewig Zerrissenen, Fragmentarischen unserer gemeinen Wirklichkeitswelt die reinen Rhythmen einer befreiten, verklärten, geläuterten Welt gegenüberzustellen. Dem Unzulänglichen das reine Urbild der ungetrübten Form — wie Schopenhauer in der Kunst unmittelbar den Ausdruck der platonischen Ideen sah. Einem Dasein voll Not das Symbol der Erfüllung unserer Sehnsucht nach ewiger Harmonie. Den Ausdruck des Höchstmenschlichen und Göttlichen, das sonst keine Sprache hat. wer wollte sich solchen Gedanken entziehen beim Anhören bis ins Tiefste erschütternder Musik, die ganz auf solchen Rhythmen schwebt.

Bis ins einfachste volksbewußtsein ist dafür das ursprüngliche Fremdwort gedrungen vom „Idealisieren" der Kunst. Das Wort hat aber noch eine tiefste Bedeutung auch für den wahren Wert aller Kunst, wenn auch die echte Kunst keine Tendenz, keinen Zweck im gemeinen Dasein haben, nicht moralisieren und „nützen" soll, so tut sie doch auf ihrer reinen und vom gemeinen Erdenstaube unbefleckten Höhe ständig das höchste Werk an aller Kultur eben durch diese Schau auf das Ideal.

Es ist gewiß ein ungeheurer weg von der schlichten intuitiven Freude eines Papua an seinen hübschen Farbmustern und Schnitzarabesken — bis zu diesen Ahnungen und Idealen einer höchsten Weltharmonie in Beethoven oder Raffael. So bleibt doch, daß es nur ein weg ist, der auch sonst dem Heraufgang und der Vertiefung unserer Kultur entspricht, die eben auch diese geheime Musik in aller Kunst verließt hat. Diese Musik und Melodie war aber offenbar von Anfang an schon in aller Kunst, sofern sie schaffend und nicht bloß nachbilden war, gegeben, wie ein gutes Wort gelegentlich gesagt hat: alle Kunst (einerlei, was für ein Gebiet sie bevorzuge) sei umso echter, je mehr sie solche geheime Musik enthalte.

Bei alledem, sagte ich, wahrt der Mensch in seinem Kopf eine Einheit, und auch die Kunst ist in diesem Sinne nur eine Farbe darin, die erst scharf getrennt erscheint wie das Rot oder Blau des Sonnenspektrums, wenn man auch diesen Menschen gleichsam unter ein Prisma stellt. Und das allein könnte Mut machen zu etwas sonst wahnsinnig vermessenem: — nämlich von „Abstammung der Kunst" zu reden.

In der Umrißskizze, wie ich sie eben selber gegeben, bleibt jedes einzelne aktive Kunsterlebnis immer wieder etwas ewig „Autochthones", Selbstgewachsenes, das aus dem Unbekannten — kein verstand begreift zuletzt, wie — heraufsteigt. Daß wir mit dem, was wir für gewöhnlich verstand nennen, an die wahre Wurzel auch nur der allereinfachsten intuitiven Kunstleistung nicht herankönnen, weiß jeder, wir können diese Intuition weder herausklügeln, noch herausprügeln — sie ist eben da oder nicht da. Darin hat der Volkswitz durchaus recht, daß der Dichter ein Mann sei, dem bisweilen etwas einfällt oder auch nicht. Und es gibt wohl Keinen noch so großen Meister, der sich nicht solcher Augenblicke, wo das Unbekannte und Unberechenbare versagte, schaudernd bewußt wäre.

Schließlich würde das aber doch auch auf vieles andere im einzelnen menschlichen Geistesuhrwerk zutreffen, z. B. die Art, wie wir Erinnerungen in uns speichern, was jener verstand selber sei, warum wir träumen und so fort — geschweige denn, wie es mit den berühmten letzten Philosophenfragen über Kaum, Zeit und Kausalität in uns und mit dem ganzen Bewußtsein überhaupt stehe. Fragen, die sämtlich im individuellen Menschen vorläufig und wohl auf lange für uns noch nicht lösbar sind. Gleichwohl haben wir uns heute, wie männiglich bekannt, mit gewissen allgemeinen Menschheitsfragen auch ohne das ziemlich weit gerade ins geschichtliche Gebiet vorgewagt, und, wie doch wohl nicht zu leugnen, mit manchem guten Erfolg.

Wir haben versucht, den Menschen als Ganzes historisch an die Natur zu schließen,- zugestanden, daß dabei in ihm wie in der Natur selber noch manches unklar bleibt.

Mit einem langen Indizienbeweis, der ihn zunächst einmal an einen langen Stammbaum der übrigen Lebewesen auf Erden angliederte.

Zu oberst aus einem Geschöpf, das die Kraft hatte, ein Mensch zu werden, aber doch noch kein Mensch war. Wir werden es doch wohl ein Tier nennen müssen, und so ginge es über Tiere weiter hinunter.

Gewiß ein Indizienbeweis, aber doch ein ungemein folgerichtiger, dem bereits alle besseren Denkkräfte unserer Kultur zuneigen.

Wenn sie in Amerika jetzt dagegen gelegentlich nach der Polizei rufen, so bedeutet (mit Goethes Wort) dieses „Bellens lauter Schall" -och nur, „daß wir reiten", und schließlich wird sich drüben wie bei uns eine wirklich geläuterte und echte Religion auch mit diesen neuen Ideen in Einklang zu setzen wissen.

Noch im Menschenwesen selbst sind wir dann auch ein Stück zurückgegangen — auch da bis auf eine ziemliche Strecke Brücke weiter hinaus. Nämlich bis zu jenen lange geleugneten, aber doch endlich festgestellten, wenn auch in vielem immer noch recht rätselhaften Diluvialmenschen, die jedenfalls noch lange vor all dem standen, was wir bisher für Kulturgeschichte (auch mit Einschluß aller Kunstgeschichte) gehalten hatten. Menschen, die ein großer Meister, wie Ranke, überhaupt noch nicht sah, als er seine „Weltgeschichte" begann, deren Überbleibsel aber heute Museen füllen.

In beiden Zöllen haben wir aber bereits etwas von einer gewissen „Abstammung" — einmal des bisher bekannten Menschen von einem älteren Menschentum, dann gar des ganzen Menschen überhaupt aus etwas Außermenschlichem, Tierhaftem — beides, wenn auch nicht wie in unserer fingierten Erzählung bisher geradezu unter Cis, so doch einem ungeheuren Schuttberg Alter und Unkenntnis begraben.

Unsere Märchenleute entdeckten unter ihrem Cis auch die Kunst, wäre es denkbar, daß auch dort schon etwas wie Kunst dabei gewesen sein könnte?

Wenn der Mensch aus der Natur kam, wie die Entwicklungslehre sich das denkt, könnte also auch in dieser Natur unter ihm schon etwas angelegt, vorgezeichnet sein, das gerade zu seiner Kunst führte? Und wie standen jene diluvialen Vorzeitmenschen zur Kunst? hatten sie schon so etwas wirklich, oder lebten auch sie in diesem Punkt doch immer noch auf der vor- und Probierstufe?

Ich gehe zunächst ein Stück weit durch die erste Frage, wobei ich vorausschicke, daß sie noch viel Dunkles hat. Andererseits ist aber gerade sie auch so interessant, daß sich ein Spaziergang lohnt.

Denn wir dauernd ernst machen wollen mit der Abstammung des Menschen, so werden wir doch wenigstens versuchen müssen, auch mit solcher engeren Frage, die ein so ungeheures Stück heutigen Menschentums angeht, zu ihr heranzukommen. Zumal kein geringerer als der alte Darwin selbst sie gleich zu Anfang mit der ganzen Unbekümmertheit seines hohen Geistes schon angeschnitten hatte.

Die Frage lenkt zunächst über zum Tier als nächstniederem Lebewesen; sie noch über das Lebendige hinaus zu führen, also sozusagen kosmisch zu stellen, scheint für unseren Zweck hier nicht ratsam, da sie so schon schwer genug ist.

Und sie deckt sich dort mit einer sehr alten und sehr beliebten Frage, die unzählige Male bereits gestellt worden ist auch in vordarwinistischen Tagen: ob bei Tieren sich nämlich schon etwas zeige wie Anfänge der Kunst?

Ganze ältere dicke Bücher findet man tatsächlich bereits gefüllt mit sinnigen Betrachtungen über die „Kunst triebe der Tiere", die meistens schon als ungemein hoch entwickelt gefeiert werden. Danach könnte die Frage umgekehrt sogar als sehr leicht lösbar erscheinen. Wir hören da von den kunstvollen Bauten des Bibers und Maulwurfs, der Ameisen, Termiten und Papierwespen, den Wundern des Vogelnestes und des Spinnennetzes.

Richtig besehen aber ergibt sich, daß das alles gar keine „Kunstwerke" sind, sondern höchst praktische Nützlichkeitsbauten, also gerade das, was wir beim Menschen als ganz ausgesprochenen Gegensatz von der Kunst abschalteten.

Wenn wir schon vergleichen wollen, müssen wir also eine viel engere Auslese treffen, die ans wirkliche Kunstgebiet grenzen könnte. Auch dafür scheint ja nun einiges zu sprechen.

Ich sagte, die Kunst habe stets einen Bezug zum Phantasieleben des Traums. Daß Tiere Erinnerungen bewahren, bestreitet niemand, es scheint aber durchaus, daß solche auch bei ihnen bereits im Schlaf zum Traum belebt werden können. Hunde knurren, setzen zu heulen und Bellen an im Schlaf, zucken mit den Beinen und dem Schwanz. Ähnlich Pferde. Auch von Vögeln wird Entsprechendes berichtet.

Man wird solchem träumenden Tier nicht die Anfänge des

phantasievermögens absprechen wollen, das sehr wahrscheinlich doch auch schon neu aufbaut. wenn es irgendeine Stelle gibt, in die man gern hineinsähe, wäre es gewiß solcher träumende Tiergehirn. Nur ist leider die „geistige Röntgentechnik" noch nicht dazu erfunden, und mit dem angeblichen „Briefeschreiben" der Hunde ist es trotz des Wunderhundes der Frau Moekel und der ehrlichen Begeisterung des jüngst verstorbenen Professors Ziegler in Stuttgart doch noch so eine Sache oder, besser, es ist nicht jedermanns Sache.

Phantasie äußert sich wohl auch beim Spiele der Tiere, soweit es nicht bloß ein vorproben des Jungtieres auf noch nicht klar geweckte Instinkte ist. wobei übrigens gerade mit diesem Worte Spiel für unsere Menschenseite wieder Vorsicht zu üben ist. Ich erwähnte,' alle Kinder kämen mit einem Künstlerzug zur Welt, aber die echte Kunst ist deswegen kein Kinderspiel, das mit einem nichtssagenden Wort wie „Spieltrieb" zu erledigen wäre. So wenig wie diese Kunst (um es noch einmal zu sagen) ein wirklicher Luxus ist.

Ergiebiger scheint unser Gebiet dann zu werden, wenn wir an den rhythmischen Bezug aller Kunst denken.

Jeder schwärmt vom Schlag der Nachtigall mit seinem unverkennbaren, in Strophen wiederkehrenden Rhythmus, vom „Gesang" der Amsel. Und die kleinen, aber dauerhaften „Musikanten" vom Typ Grille, Laub- und Feldheuschrecke werden wir zwar nicht für bedeutende virtuosen erklären, aber es wirkt doch besonders musikähnlich, wenn gerade sie je nachdem bald mit dem einen Flügel auf dem anderen oder dem Hinterschenkel gegen solchen Flügel regelrecht geigen und dazu schon richtige körperliche Apparate führen. Ja, der Specht, indem er Dürrholz zum Schwirren bringt, stellt gar auch schon ein äußerliches Musikinstrument in primitivster Form her.

Hier mischt sich aber sogleich der Gedanke ein, inwiefern (was auch auf jene Nutzbauten zugetroffen hätte) dabei fest eingefahrene angeborene Triebe, d. h. sog. tierische Instinkte, in Frage kommen könnten.

Ich habe in meinem früheren Kosmosbändchen über „Tierseele und Menschenseele" ausführlich entwickelt, was das an und für sich noch für ein schweres Gebiet zwischen Tier und Mensch ist, voll Fallgruben und Stacheldrähte einstweilen für unsere Erkenntnis.

Jedenfalls kann die Kunst im Menschen, wenn sie auch durchweg eine gewisse triebhafte Unterschicht hat, doch in ihrem eigentlichen und oberen Stockwerk unmöglich für einen solchen Instinkt gelten.

Man sieht, es stellt sich bei solchem kursorischen Durchgreifen des Terrains manches dafür und manches dagegen, und das dürfte wohl zu einer etwas systematischeren Allgemeinbetrachtung locken.

Das Kunstwerk des Menschen hat nicht nur die starke persönliche Note, sondern überall auch die geistige. Im Tier unterhalb des Menschen wissen wir aber, wie erschreckend rasch dieses Geistige überhaupt für uns undeutlich wird. Wir sehen bald überall nur noch auf die äußere Maschine. Gewisse Beurteiler meinen deshalb, das Tier sei wirklich bloß eine Maschine, was ich an und für sich für ziemlich unsinnig halte. Aber die Schwierigkeit wird niemand ernsthaftes leugnen, aus all den zunehmenden reinen Maschinengeräuschen noch die Stimme eines so zarten Dings, wie Kunst, wirklich herauszuhören.

Also ich meine, man wird zunächst einen Umweg wählen müssen, um etwas näherzukommen.

Kunst und reiner Daseinskampfnutzen sind (unbeschadet der oben betonten letzten Einheit) für uns straffe äußere Gegensätze. Über wenn man schon einmal den Menschen aus dem Tier irgendwie entwickelt nimmt und den Tieren selber eine lange Eigenentwicklung zuerkennt, so kann es doch auch für unser Problem immerhin lehrreich sein, etwas von dem Wege sich zu vergegenwärtigen und als vergleich anzuziehen, den dieser praktische Nutzen in jenem großen Stammbaum genommen hat. wie der ganze Maschinenbegriff ja eigentlich aus ihm stammt, so hat sich dieser weg gerade bei ihm auch sehr glücklich in jenem äußerlich Maschinellen der Lebewesen ausgeprägt und kann also weit sicherer und bequemer dort abgelesen werden, als alles tiefer vergeistigte.

Da sehen wir denn sehr deutlich auf drei Stufen dieser Nützlichkeit im tierischen Stammbaum bis zum Menschen herauf. Darwin selber hat auch sie bereits seinerzeit klar aufgezeigt.

Zuerst ergreift die Nützlichkeit das Organ am Körper des Tieres.

Sie baut Flossen, Flügel, Schuppen, Augen, Kiemen, wer weiß was alles für wohlangepaßte Nutzorgane der praktischen Brauchbarkeit im Daseinskampf.

Dann, als ein Organ in der Einheitlichkeit des Tierkörpers allmählich zu dominieren beginnt, das Gehirn, baut sie in dieses Gehirn als nächsthöhere Station gewisse feste Triebe, Instinkte ein, die gewissermaßen von einem oberen Stockwerk jetzt entsprechend auf Nutzen weiterleiten.

Endlich — auf dritter Stufe —, indem dieses Gehirn zur Intelligenz übergeht, ersetzt diese auch die starren, vererbten Instinkte durch persönliche Wahl des Nützlichen, — während zugleich an das Organ von dieser Intelligenz das Werkzeug geschlossen wird. Diese dritte Stufe ist bereits der Mensch selbst.

Es läge nun nahe, alle drei Stufen, die offenbar in tiefen allgemeinen Entwicklungsdingen geboten gewesen sein müssen, auch auf die Kunst anzuwenden, natürlich jetzt ohne Nützlichkeitsbezug.

Ob auch die Kunst (oder was schließlich bei uns Kunst werden sollte) eine erste Stufe des rein Organischen durchgemacht haben könnte, eben nicht verkörpert dort in den Schutz- und Nutzorganen, sondern nebenher und besonders, aber doch schon mit eigener Marke. Auch sie könnte dann, bereits an das Gehirn angeschlossen, vielleicht eine höhere Station wirklicher, wenn auch noch starrer Kunsttriebe durchgemacht haben. Bis auch sie sich endlich im Menschen befreit hätte zum Anschluß an die Persönlichkeit und zugleich äußerlich schaffend durch Benutzung des Werkzeugs.

Über den geistigen Betrieb wäre auf der ersten Station wohl schwerlich etwas zu sagen, wir hätten auch hier nur die äußere Maschinenschau. In der Gegend des Instinkts würde das Geistige doch wohl schon in der Maschine bedingt merkbar. Die volle vergeistigung im Menschen bedarf keines Worts, falls nicht auch da bei jenen besagten uralten Diluvialleuten noch engere Schlußstufen interessant werden sollten.

Ich will mit möglichst vorsichtigem Wort in die Analogie hineingehen, nicht, weil sie schon überall vollkommen klares Licht aufsteckte, aber weil sie geeignet erscheint, allerlei, was heute gelegentlich als Einfall, Wort und Frage herumschwirrt, zunächst einmal fest zu inventarisieren.

Mindestens zwei feste Fragen ordneten sich auch hier hinein in das Gebiet noch unterhalb des Menschen.

Gibt es auf der Stufe der rein körperlichen organischen Formenwelt, wie es massenhaft dort Nützlichkeitsorgane gibt, so auch schon irgendwelche organischen Andeutungen, die an etwas in unserer Kunst erinnern könnten, ohne Zufall zu sein?

Und gibt es auf der Instinktstufe schon wirkliche Kunsttriebe, die auch hier das spätere echte künstlerische Erleben und Schaffen bereits triebhaft starr vorweg nähmen?

Die erste Frage ist, so gestellt, ersichtlich keine andere, als die bereits oft erörterte: ob es tatsächlich sog. „Kunstformen der Natur" gibt. Und zwar nicht als Spielerei, sondern mit dem Ernst, den eine wissenschaftliche Betrachtung fordern darf.

Das Wort stammt wohl zuerst von Haeckel. Geht auf sein allbekanntes Bilderwerk, in dem er, unterstützt von seinem Mitarbeiter Giltsch in Jena, viele Hunderte tierischer und pflanzlicher Objekte rein unter dem Gesichtspunkt zusammengestellt hat, inwiefern ihre natürliche Körperlichkeit in Form und Farbe uns als „schön" erscheinen konnte. Das Werk hat wenig mit Haeckels polemischen Schriften zu tun und bietet seinen eigentlichen Gegnern also kaum einen Angriffspunkt.

„Schön" ist dabei nicht so zu verstehen, wie etwa eine Landschaft durch allerlei verwickelte Bezüge in uns Stimmungen des Idyllischen oder Romantischen oder Erhabenen auslöst.

Diese tierischen und pflanzlichen Körper und Körperteile der reinen Organstufe sollen vielmehr unmittelbar durch ihre eigene symmetrische, harmonische, rhythmische Anordnung im Sinne eines Ornamenten- oder Farbmusterschatzes im Anklang an menschliche Kunst wirken, und es wird sehr schwer zu leugnen sein, daß sie so wirken.

Sie haben, um einen früher gebrauchten Ausdruck mit Absicht zu wiederholen, fast alle die entschiedene Marke einer „inneren Musik".

Ganz im Sinne eines menschlichen Kunstwerks sind auch sie nicht von außen zusammengestoppelt, sondern verraten eine innere Einheit, darin eben typisch „organische" Gebilde, Lebenswerk — bloß in all diesen echten Fällen auch noch eingestellt auf die charakteristische Gliederung der Teile aus dem Ganzen im rhythmischen Effekt.

Je nachdem sind bald nur symmetrische Formen, bald auch Farben in diese „innere Musik" ausgenommen und ihrem ornamentalen Gebot unterstellt.

Eine Zufallswirkung erscheint vollkommen ausgeschlossen.

Auch helfen nicht Einzeldeutungen etwa auf rein chemischen Anlaß oder Kraftüberschuß oder was man sonst noch versucht hat, denn es wird nicht bezweifelt, daß alles auch hier irgendwie natürlich zugehe- was aber zur Frage steht, ist die aus tausend organischen Ecken und Lagen immer und immer wieder eindeutig durchbrechende rhythmische Anordnung der Gestalt.

Gegen den Zufall spricht schon die Fülle nach verschiedenster

Variante, aber stets dem gleichen rhythmisch-ornamentalen Grundgesetz gebauter Objekte — es sollte aber, meine ich. ebenso entschieden bereits die wirklich genaue Betrachtung auch nur eines einzigen guten Beispiels widersprechen. So wenig über die objektive Kunstform einer korinthischen Säule ein Zweifel sein kann, so hier über eine rhythmische Gestaltung des (Organischen.

Die Haeckelschen Bildertafeln geben selbst nur eine verschwindende Auslese des in der Natur nach dieser Seite Vorhandenen. Sie sind gelegentlich, wie das Haeckels Art war, ein klein wenig aufgearbeitet für den populären Zweck, um das zu Sehende möglichst deutlich zu machen, was ja für den Anfänger immer sehr wichtig ist. Zeder, der die Naturobjekte selbst kennt, vergleichen und erweitern kann, weiß aber, wie weit immer noch menschliche Beispielwahl und Wiedergabe hinter dem verschwenderischen Reichtum der Wirklichkeit zurückbleibt. Man kann hier in Wahrheit gar nicht übertreiben, die Natur überbietet immer noch. Die reine Ornamentalschönheit z. B. auf Schmetterlingsflügeln zu übertreffen, sollte auch dem berufensten Künstler schwer werden.

Haeckels Werk ist (aus einem fast drolligen Eigensinn, der ihm die Entomologen verhaßt machte) gerade nach dieser Schmetterlingsseite äußerst unvollständig, man muß schon die neuen Prachtbände der großen Monographie von Seitz zu Hilfe nehmen, die zugleich den Vorteil haben, streng wissenschaftlich genau und doch auf Schritt und Tritt beweisend zu sein.

Mit Recht aber hat gerade Haeckel darauf hingewiesen, daß diese „Tendenz" rhythmischer Gestaltung bereits auf den niedrigsten Stufen organischer Körperbildung mit einer wenigstens nach Seite der reinen Grundformen kaum mehr zu überbietenden Kraft und Fülle einsetzt.

Durch ihn sind als Musterleistung (die ihn selbst zugleich auf das ganze Prinzip gebracht) die Radiolarien berühmt geworden, einzellige, fast mikroskopisch winzige Urtierchen von tiefster Stufe des tierischen Systems, die durch unendlich verwickelte Verkieselung ihrer Körpersubstanz in jeder ihrer mehrtausend Arten eine andere fast mathematisch regelmäßige Ornamental-Kunstform hervorbringen. (Was man neuerlich über die Einzelheiten der Bildung ermittelt hat, führt auch hier auf allen Umwegen wieder auf das zentrale Problem des Rhythmus selbst zurück.)

Andererseits ist aber nicht zu verkennen, daß in die oberen tierischen und pflanzlichen Systemstufen hinein ganz wie in den menschlichen Stilen und Kunstschulen immer raffiniertere und vertieftere Wirkungen über das anfänglich starr Mathematische hinaus erzielt werden, wozu die Beispiele auch wieder an Schmetterlingsflügeln, zum Teil auch an Vogelfedern zu studieren sind, hier lassen sich als malerische Höhepunkte u. a. vollkommen durchgeführte Schattenwirkungen beobachten, durch die farbige Flächenobjekte in scheinbar plastisches Relief verwandelt, konkave und konvexe Höhlungen und Wölbungen erzeugt werden. Genau ausgesparte Lichtreflexe verstärken die Täuschung. Ruch lassen sich anscheinend Entwicklungsreihen solcher „organischen Kunststile" verfolgen, wobei bestimmte Motive durch alle denkbaren Varianten gehetzt erscheinen, einzelne Moden aufzutauchen und zu verschwinden scheinen bis in expressionistische und andere Extreme, ganz wie im Ornamentenschatz der menschlichen Kunstgeschichte.

Ein wirklich vergleichendes Bilderwerk nach dieser Seite fehlt leider noch.

Haeckel, der durchaus noch nicht die ganze Tragweite dieser Dinge übersah, legte Gewicht darauf, daß seine Tafeln vielleicht anregend und bereichernd auf unser menschliches Kunstgewerbe selbst zurückwirken könnten — das tritt aber doch weit gegen die große theoretische Bedeutung dieser Naturornamente zurück.

Denn vom Standpunkt des oben Gesagten kann es doch nicht belanglos sein, wenn eine solche Überfülle rein rhythmischer Tendenzen, wie wir sie als ein Charakteristikum der menschlichen Kunst fanden, bereits auch auf der rein organbildenden Stufe des Lebens sich geltend macht, wir sehen vorerst nicht einmal in die maschinellen Gesetze hinein, wie diese Naturrhythmik sich überall durchsetzt, geschweige, daß wir einen psychischen Anhalt dahinter hätten. Aber irgendein natürlicher „Selbstzweck", irgendein Anfang und Ausgang eines Prinzips wird darin stecken müssen, denn wir werden nicht glauben wollen, daß bloß ein gespenstischer Spukgeist uns narrt. Das war durchaus auch Darwins Meinung, obwohl er zunächst noch einen gleich zu besprechenden Nebenweg davor suchte.

Wieder aber steht fest — und auch das hat Bezug zu unserer Kunst —, daß, so wenig wie unsere Kunst auf groben Daseinsnutzen geht, ebensowenig auch diese Welt der „Kunstformen der Natur" sich ohne weiteres etwa den Schutzanpassungen der Organstufe dort ein- und unterordnete.

Im Gefolg der so fruchtbaren Ideen des gleichen Darwin über diese Schutzseite der Natur war ja hier vielfach seinen Schülern ein kleiner Fehlzug unterlaufen.

Weil man soviel trefflich auf Notschutz angelegte Organe sah und Darwin eine so bestechende Erklärung gab, wie die Not selber indirekt solche herausgearbeitet haben könnte, suchte man in jedem körperlichen Merkmal zunächst einen solchen Schutz. In manchen Lehrbüchern schienen die Tiere und Pflanzen nachgerade nur noch Kampf-ums-Dasein-Organe zu haben, sozusagen reine Feinmechanik zu Schutz und Trutz und nationalökonomischem Drill zu sein.

Man übersah, daß es unendliche Merkmale und Grundpläne der Tier- und Pflanzenformen gibt, die zu dieser Seite völlig gleichgültig stehen.

Das ganze wahre Riesenbild des Systems mit seinen unzähligen Arten als letztem Ausdruck beruht darauf.

Die Natur hat nicht ein paar beste Anpassungen in konsequenter Zuchtwahl herausgebracht, sondern eben dieses Bild.

Heute sieht man das immer mehr ein. Die Anpassungsorgane grenzen einen bestimmten beschränkten Kreis in der allgemeinen organischen Gestaltenfülle heraus, genau wie die Nutztechnik in unserem großen Gesamtgeistesleben. Sie nehmen, wenn Darwin nach dieser Seite recht gesehen hat, ihre eigene Auslese aus der dort immer wieder andrängenden Variantenfülle vor, wie unsere Nutztechnik etwa geniale Blitze unseres weiteren Geisteslebens benutzt' aber sie erzeugen und erschöpfen diese Fülle selbst nicht.

In den unberührten Eigengesetzen dieser Fülle aber lebt sich unverkennbar auch jenes Rhythmische aus, wie in unserem nichttechnischen menschlichen Felde die menschliche Kunst.

In Grenzgebieten mögen natürlich Vermischungen auch hier statthaben.

Manches Ornamentale verquickt sich in Tier und Pflanze nachträglich bis zur Unauflösbarkeit mit dem Nutztechnischen.

In anderen Fällen sieht man, wie die Nutzanpassung ringt mit hundert verschiedenen symmetrischen „Luxusstilen" — wie sie so und so oft nebeneinander von den verschiedenartigsten Grundplänen, die das andere Prinzip ihr in den Weg gebaut hat, ihren gleichen Zweck durchsetzen muß.

Es kommt aber auch vor, daß die Nutzauslese das ihr zufällig passende Ornament selber zur Steigerung bringen mag.

Da hat beispielsweise das Ornamentalprinzip auf den Flügeln gewisser Schmetterlinge große augenartige Zeichnungen hervorgebracht und durch Schattierungen scheinbar plastisch gemacht — so bei pollyphemus riesige tiefschwarze Scheinlöcher, aus denen ein grauer Regel mit einem gelbgesäumten Glasauge unmittelbar dem Beschauer entgegenzuragen scheint, an sich ein Meisterstück dieser Sorte Organkunst, das in jeder Sammlung von Exoten entzückt. Oder es ist an Stelle des Augenflecks bei Nyctipao albicicta je eine einfache tiefe konkave Höhlung auf jedem Oberflügel herausschattiert, daß es wie eine gewölbte Schale aussieht, in die man etwas hineinlegen könnte. Wenn man nun beobachtet (und es ist vielfach beobachtet), daß ein angreifender Vogel, etwa ein Huhn, vor solchem „Pfauenauge" wie vor einem wirklichen bösen Blick erschrickt und einen Moment abläßt, so daß der Schmetterling entfliehen kann (unser Abendpfauenauge stellt dazu eine besondere Schreckstellung mit dem ganzen Körper her) — so sieht man wohl auf ein Überspielen des einen Prinzips in das andere. In solchem Einzelfall konnte die Darwinsche Nutzzüchtung ganz gut für ihren Zweck die Augenähnlichkeit nachträglich noch verstärkt haben, wie vielleicht die australische Salassa Iola zeigt, bei der die Unterflügelslecke so vollkommen täuschend zwei ganz scharf blickende, stechend böse tierische Augen mit blutigem Saum, Glanzfleck und finster ausgezogenen schwarzen Brauen nachahmen, daß ich selbst den Menschen sehen möchte, der sich im Augenblick der Suggestion entziehen kann.

Wie ebenso bei den berühmten Callima-Arten der Tropen, wo die Unterseiten der Flügel ein trockenes Blatt zu kopieren scheinen, ein ursprünglich rein ornamentaler Grundsatz, der zufällig ein Blattmotiv annäherte, in der Folge auf solche schützende Blattähnlichkeit weitergezüchtet sein mag.

Und im Allerletzten mag auch hier überhaupt kein absoluter Gegensatz sein, wie unsere Kunst in harmonischen Bezügen, gleichsam einer immerwährenden heimlichen Musik lebt, unsere Nutztechnik aber zuletzt auch nur ein Mittel ist, sich mit einer gewissen Not des äußeren Daseins in eine gewisse Harmonie zu setzen, so werden vermutlich auch in der Mechanik dieser rhythmischen Naturanläufe verborgene harmonische Ordnungen innerlich ihre Rolle spielen, während außen die Nutzorgane die beschränkte Harmonie der Darwinschen Anpassung herstellen. Aber darum bleibt doch der Gegensatz des dort unendlich viel Reicheren, Eigentlicheren, Aufsichselbststehenden gegen einen kleinen roh von außen kommandierten Grenzbezirk.

Man ist, seit man den zu weiten Anpassungsgedanken in der Biologie wieder mehr losgeworden ist, ja auch in der tieferen Erkenntnis über dieses indifferente freie variationsfeld heute wesentlich weiter gekommen, zum Teil unter starker Korrektur Darwins — aber auch da immer mit merkwürdigen leisen Bezügen zum Kunstproblem.

Auch in dieser noch rein organischen Sphäre gewahren wir ein beharrendes Prinzip, die Vererbung, die bestrebt ist, gleichsam naturalistisch das Gegebene immer wieder nachzugestalten. Richard Semon hat sehr ernsthaft den Gedanken der Ähnlichkeit dieses vererbungsmechanismus mit unserem menschlichen Gedächtnis verfochten. Mit dem mechanischen Substrat dieses Gedächtnisses im Gehirn, sagte er vorsichtig, was aber an dem Bezug selbst nicht das geringste ändert. Semon wollte ein gemeinsames Wort sogar für beides einführen: die Mneme. Seine Idee hat sich (vielleicht wegen der hochgradigen Schwerflüssigkeit seiner Beweisführung) nicht durchzusetzen vermocht, harrt aber, glaube ich, nur eines noch unbefangeneren Kopfs zur Auferstehung.

Neben diesem Reproduktionsprinzip haben uns de Vries und seine Leute, die jetzt so stark Boden gewinnen, dann auch ein wirklich neu schaffendes, neu ordnendes Prinzip der organischen Stufe angedeutet. In ihrer sog. „Mutation" tritt stoßweise gelegentlich immer einmal wieder eine völlige Neukombination des Gegebenen hervor. Nicht auf Schutzanpassung gerichtet, sondern zunächst auch nur auf eine neue Lösung des freien Gestaltungsproblems aus. Immer aber (sehr bezeichnend) mit der Marke völliger innerster Umordnung zu einem neuen Schwerpunkt und Balancepunkt gleichsam, wieder sofort ein „Ganzes" bildend gegenüber allem Früheren.

Wo auch das Rhythmische einen Wandel erfährt, wird man es sich wohl nur auf dem Wege solchen einheitlichen, von innen kommenden Mutationsstoßes denken müssen. Niemals aber wird es ursprüngliches Erzeugnis der Nützlichkeitszuchtwahl selber sein, so wenig wie die Mutation in ihrer freien Entstehung solcher verdankt wird.

Ich behaupte, mich einmal in dieses heikle Gebiet hineinwagend, durchaus nicht, daß wir in diesen Erscheinungen der reinen Organsphäre, von deren Geistigem wir, wie gesagt, nichts und von deren

Maschinellem wir vorerst bloß einiges hypothetische wissen, bereits künstlerische Arbeit in unserem Sinne vor uns hätten.

So wenig wir heute ein lebendiges Organ schaffen können, so wenig konnte jene Organstufe echte menschliche Kunst schaffen.

Aber ich vertrete, daß der Begriff organischer „Kunstformen" an sich kein bloßes Bonmot sei. vertrete, daß sinnfällige Analogien gegeben sind, die in veränderter Zusammensetzung und unendlich höherer Vergeistigung zu menschlichem Kunsterleben und Kunstschaffen führen konnten, so gut wie die Einzelzelle eines Urtiers oder die primitiven Hautzellen eines niedrigsten Wurms sich ohne grundsätzlichen Riß zu den Ganglienzellen eines menschlichen Gehirns entwickeln konnten, in denen sich schließlich doch auch das höchste und verwickeltste Kunsterlebnis vollzieht.

Man vergißt sehr leicht, daß in gewissem Zinne die organische Stufe ja auch noch bis zu uns selber reicht — bloß (als Maschine weiter betrachtet) zuletzt eingehend in das ungeheure Wunderwerk des allumgreifenden Gehirnorgans, von dem wir dann — bei uns — allerdings auch wissen, daß es die Stätte gewaltigster Geistesvorgänge ist.

Inzwischen sind auch diese obersten Geistesdinge aber nicht mit einem Tage erst dagewesen, und hier könnte für unsere tastende Kunstbetrachtung im Naturfeld nun in der Tat noch eine willkommene Brücke sein, wenn wir auch jene zweite Frage (und vielleicht noch weit sicherer) beantworten könnten: ob es innerhalb der Tierwelt (die Pflanze, die für jene organisch-rhythmische Stufe noch vollwertig mit galt, mag hier einstweilen zurücktreten) kunstähnliche Dinge auch bereits auf der Stufe des Instinktlebens — also eben echte Kunsttriebe gebe.

Die Fragestellung ist diesmal erleichtert, da wir bereits vom Instinkt bei ihr ausgehen und nicht mehr als vorerst Instinktives verlangen. Immerhin bietet sie, wie wir sehen werden, noch eine neue eigene Verwicklung.

Als feste Grundtatsache darf gelten: es gibt auch rhythmische Triebe dort. Triebe mit dieser Grundmarke ebenfalls eines künstlerischen Einschlags.

Insekten, wie Vögel, um es zunächst so maschinell wie möglich auszudrücken, bewähren schon einen Gehirnzwang zu rhythmischen Geräuschen, genau wie auf den Schmetterlingsflügeln und Vogelfedern der Organstufe symmetrische Ornamente deutlich wurden.

Bereits bei Grillen und Heuschrecken hat dieser „Gesang" genügenden melodischen Beiz, daß einfacher Menschensinn sich seit alters daran erfreuen konnte und die kleinen Sänger in Käfigen gehalten wurden, wie noch heute der Chinese tut.

Über den unmittelbaren musikalischen Wohllaut des Nachtigallen- oder Kanarienvogelschlags ist dann nie ein Zweifel gewesen, und es hat wohl noch keiner versucht, auch hier von täuschendem „Zufall" zu sprechen.

Buch (was weniger bekannt zu sein pflegt) der Gesang des Gibbonaffen läßt sich glatt in Noten wiedergeben und steigt vom Grundton E „in halben Tönen eine volle Oktave hinauf, die chromatische Tonleiter durchlaufend" (Brehm-Heck).

Bei Spinnen (Attiden) treten des weiteren rhythmische Tanzbewegungen auf, die an die kühnsten Verrenkungen unserer Berufs-Balleteusen erinnern.

Bei Vögeln äußert sich dieser Tanztrieb auffällig gerade bei solchen Arten, die auch körperlich einen Gipfel des Ornamentalen zeigen. Der herrliche Argusfasan auf Sumatra, dessen riesige Augenflecke auf den Schwungfedern wie bei jenen erwähnten Schmetterlingen durch geeignete Schattierung als in Sockeln gebettete plastische Kugeln mit Lichtreflex erscheinen, obwohl es sich tatsächlich nur um eine völlig glatte Federfläche handelt, stellt sich für solche Tänze im Urwald durch Reinigen und Festtreten besondere Tanztennen von mehreren Quadratmetern Ausdehnung her. Die schön orangeroten Klippenvögel Guyanas (Rupicola) zeigen sich vor versammeltem Volk einzeln nacheinander in den seltsamsten Tanzschritten und Bewegungen. wie die Nandu-Strauße am Boden, so tanzen im gleichen Amerika die edelsteinfunkelnden Kolibris in der Luft, immer doch mit der Marke des Rhythmischen, wie sie ja schon das von uns Menschen nicht vergleichsweise, sondern ganz unmittelbar entnommene Wort Tanz ausdrückt.

Unmittelbar an das eigentlich Ornamentale der reinen Organstufe und zugleich unserer Menschenkunst gemahnt die Suggestion, wenn ich so sagen darf, die glänzende und bunte Gegenstände auf Tieraugen ausüben, wie seit alters her von Elstern und Raben berichtet wird, aber auch bei südamerikanischen Nagetieren, den Askatschas, vorkommen soll.

Und die volle rhythmische Durchführung auch dieses Zuges finden wir bei dem Paradebeispiel endlich aller instinktiven Tierkunst, den Taten der Lauben- und Kragenvogel des australischen Gebiets, die zu den Paradiesvögeln gehören, des körperlichen Prachtkleides vieler dieser Paradiesier nicht teilhaftig sind, dafür aber ihre rhythmische Richtung umso entschiedener in Handlungen ausleben.

Sie bieten jetzt das typische Beispiel wirklicher „Kunstbauten", wie wir sie oben bei Bibern und Termiten vergebens suchten.

Im objektiven Tatbestand durchaus entsprechend den Bräuchen wilder und halbkultivierter Menschen auf voller menschlicher Kunststufe, stellen sie für ihre Tanz- und Singplätze regelrechte Tanzlauben her. Meist lange zeltartige Galerien aus planmäßig oben zueinander geneigtem Reisig und Graswerk. Und diese Tanzhütten werden dann geschmückt mit von überall herangeholtem Material jener Farben- und Glanzsuggestion: roten Beeren, bunten Federn, weißen Lachkieseln, auch beim Menschen stibitzten Schmucksachen, Glasstücken und bunten Lappen.

Der zugehörige Gärtnervogel (Amblyornis) in Gebirgen von Neuguinea baut entsprechend eine runde Laube mit einem Dach aus Orchideenstielen, die „zum Boden herniederhängen und regelrecht strahlenförmig um einen mittleren Tragpfeiler geordnet sind. Über letzterem erhebt sich eine kegelförmige Masse von Moos. Innerhalb aber läuft ein Gang im Bogen um den Pfeiler. Das ganze Bauwerk bleibt auf einer Seite offen und stößt hier an einen freien, moosbedeckten Platz, der doppelt so groß wie die Hütte und mit Blüten und Beeren zierlich geschmückt ist. wenn diese verbleichen, werden sie entfernt, auf einen Kehrichthaufen hinter der Hütte geworfen und durch frische ersetzt".*)

Besonders charakteristisch erscheint, daß in diesen letzten Fällen vom Vogel die bunte Feder als ihm ausfallend und ihn lockend gesammelt wird, die andere Vogelarten am Leibe tragen- man würde also annehmen dürfen, daß ihn auch beim Anblick des betreffenden buntfederigen Vogels selbst diese Farbe reizen würde.

Während andererseits bereits die „schöne Blume" hier auch vom rhythmischen Trieb gewürdigt wird, nachdem solche auf der niederen Stufe der Organornamentik selber rhythmisch entstanden war, dann aber wohl noch eine Steigerung dort durch Hineinspielen eines praktischen Nutzens (Lockmittel zum Insektenbesuch, der die Befruchtung der Pflanze vermittelte) erfahren hatte, wie sehr solche Blüte auf unserer Menschenstufe abermals Schmuckobjekt und zugleich Ausgangspunkt unendlicher Ornamentstilisierung der Kunst geworden, wissen wir alle — vielleicht gibt es aber kein anziehenderes Beispiel, um den Aneinanderschluß der ganzen Entwicklungskette, wie sie hier zur Frage steht, zu veranschaulichen.

Daß bei allen diesen tierischen Handlungen aber mehr oder minder noch wirklich triebhafte Züge herrschen, scheint ebenso unverkennbar.

Gelegentlich machen sie allerdings schon einen recht losen Eindruck, wie auf der Schwelle des Übergangs.

Vom Gesang unserer Vögel ist bekannt, daß er wenigstens in seiner bestimmten Melodie nicht immer so fest vererbt wird, wie man von einem echten Instinkt erwartete. Der Nachtigallenschlag ist z. B. nach den besten neueren Beobachtern, dem Ehepaar Heinroth, keineswegs angeboren, sondern muß erst nach dem Gehör erlernt werden. Eine gefangene Nachtigall, die zufällig zuerst eine Mönchsgrasmücke hörte, gab, als sie überhaupt zu schlagen begann, solche Grasmückenmelodie. Bei anderen Vogelarten scheint es allerdings auch wieder strenger damit zu sein, auch der arteigentümliche Rhythmus gleich mitzukommen. von den Laubenvögeln bleibt strittig, wieviel bei ihren Bauten reiner Instinkt und wieviel Zulernen der: Jungen von den Alten ist.

Wer im Instinkt selber bloß vererbte Gewohnheit sucht (die Theorien sind ja noch reichlich widerspruchsvoll), könnte gerade auf diesem Gebiet wohl manchen Anhalt finden.

Daß sich aber im ganzen doch noch der Rahmen des Triebhaften darum schließt, wird nicht zu bestreiten sein, und das bekräftigen auch die genau entsprechenden körperlichen Tonapparate, die den musizierenden Tieren überall eigen sind.

Eigentlich könnte ich also auch hier bereits meine Beweisführung für die zweite Stufe schließen. Nun aber doch noch eine merkwürdige Nebenerscheinung, die das Bild nicht zerstört, aber doch etwas verschiebt.

Diese ganze rhythmische Triebecke des Tieres scheint nämlich in extremem Maß angeschlossen an das Geschlechtsleben.

Gesang und Tanz der Vögel, Musik der Insekten, selbst die grotesken Tänze jener Spinnen vollziehen sich wesentlich im Anschluß an die Erregungen, teils die Vorglut, teils das Nachzittern, der Liebeszeit.

Ob ein Teil der Vogeltänze reine Geselligkeitsrhythmik und anderweitige Erregung sein könnte, wird behauptet, ist aber bisher nicht sicher nachgewiesen.

Jene Schmucklauben der Paradiesvögel werden jedenfalls geradezu als „Hochzeitslauben" bezeichnet, weil sie zwar keinerlei Bezug zum Nestbau besitzen, wohl aber ganz regelmäßig vor der Paarungszeit erbaut oder wiederaufgesucht und von den Pärchen ausschließlich, scheint es, zu Liebesspielen benutzt werden.

Vielfach sind es nur einseitig die Männchen, die den rhythmischen Tanz und Gesang in dieser Minnezeit ausüben.

Wobei man gleichzeitig den Eindruck bekommt, daß auch die rein organische Ornamententfaltung des Körpers dort in dieser Periode eine Steigerung erfahre, die sich in besonderen Hochzeitskleidern mit erhöhter Farben- und Formenrhythmik offenbaren kann.

Wie denn auch die Herrlichkeit der Schmetterlingsflügel im Ganzen sich auf das eigentliche Liebesstadium in der Metamorphose dieser Insekten zusammendrängt.

Die Beziehung der rhythmischen Gehirntriebe zum Geschlecht aber ist so aufdringlich, daß sie von jeher bemerkt worden ist wie etwas von vornherein Selbstverständliches. Unwillkürlich fragt man sich, was das wohl bedeuten konnte.

Daß auch die sexuelle Erregung selbst noch nicht ohne weiteres das Rhythmische erzeugen könne, scheint doch deutlich.

An sich ist keine innere Logik ersichtlich zwischen einer geschlechtlichen Liebeshitze und dem rhythmischen Bau etwa im Schlag einer Nachtigall oder der Suggestion eines roten Lappens oder glänzenden Bachkiesels auf das Gehirn eines Laubenvogels.

Aber man könnte einmal vermuten, die ungeheure Geschlechtserregung wühle auch die an sich und unabhängig vorhandenen rhythmischen Bildungskräfte stärker auf. vielleicht schon die organischen. Jedenfalls aber die instinktiven. Zumal das noch unbefriedigte Sexuelle, im Vorspiel des eigentlichen Akts, wirke so bis in alle anderen Sphären mit.

Es läge nahe, dabei für die rhythmischen Triebe selbst wieder an Menschliches zu denken. An Beziehungen auch unserer echten Kunst zum Erotischen.

Wenn man sagt, menschliche Kunst solle keine grobe Tendenz haben, so trifft das natürlich auch auf das Sexualleben zu.

Kunst, die sich grob in den Dienst erotischer Aufregung stellt, ist stets minderwertig und im Selbstziel verfehlt — so gut wie solche, die umgekehrt lehrhaft moralisiert. Gerade darin äußert sich auch bei uns, daß die Kunst ihrem Wesen nach etwas Besonderes ist und sein soll, nie eines anderen Knecht, und sei es selbst des allmächtigen Gros. Aber manche feineren Anknüpfungen finden sich doch auch so.

Eine diskrete, mehr oder minder vergeistigte Rolle spielt die Liebe, das „Sichkriegen" seit alters in aller Dichtung. Die bildende Kunst, wenn sie den nackten Menschen darstellt, kommt nie ganz auch um einen leise mitklingenden erotischen Unterton, der in feinster Blume wohl auch gar nicht fehlen darf, wegen des darstellenden Objektes Mensch. Wer wollte die Liebesklage aus der Lyrik nehmen? Und erotische Wirkungen stecken in der Musik, rohere und intimere, je hoher die Kunst, desto intimer, aber ganz streichen dürfen wir auch sie nicht. In Witz und Satire darf sogar eine herzhafte Gabe ganz scharfen Geschlechtsgewürzes sein, wenn nur die Kunstform zuletzt immer wieder darüber siegt.

Gerade da auch, wo die menschliche Kunst vielleicht noch einen der stärksten instinktiven Nachklänge bewahrt, im rein rezeptiven Massengefühl, ist zu allen Zeiten die erhöhte impulsive Freude an Musik, am Lied, am Vers auch im schlichtesten Durchschnittsmenschen mit einer pubertätserscheinung verglichen worden.

Ich gebe zu, daß beim ganz starken überragenden Künstler sich das immer mehr wieder verliert, in den obersten Sphären aller „übermenschlichen" Kunst die erotische Farbe bis zum Vergehen abblaßt. Aber in den naiven Niederungen ist sie, soweit sie sich nicht aufdrängt, nirgendwo ganz zu trennen.

Man denke auch wieder an den Wilden: seine wüsten Liebestänze und Geschlechtsidole inmitten und unzertrennbar von seinem doch so starken rhythmischen Zinn. Auch bei ihm wird die Kunstfreude selbst kein Erzeugnis des Geschlechtlichen sein, aber naiv aufbrennen, wenn er sonst brennt.

Zuletzt wird man auch die tiefste Analogie nicht vergessen, die zwischen dem wirklichen Zeugungsakt und jedem künstlerischen Bilden oben schon einmal angedeutet wurde.

Also warum sollten nicht auch auf der Instinktstufe bei dem Tier Gesang, Tanz, Farbenzauber gleichsam zu lichterloher Flamme getrieben werden in den großen Geschlechtsrevolutionen seines Lebens?

"Man konnte auch betonen: das Rhythmische kann besonders durchbrechen in der Liebeszeit, weil sie immer etwas auch von einer Asylzeit mit allgemein herabgesetzter Rücksicht auf den gewöhnlichen Daseinskampf hat. Wo der Daseinskampf aber auch sonst hier und da einmal für ganze Tierarten stärker aussetzte, da mag ja schon auf der organischen Stufe das Ornamentale sich stärker ausgelebt haben als sonst: man hat bei den über und über stilisierten schönsten Arten jener Paradiesvögel im Asyl von Neuguinea gelegentlich an so etwas gedacht — daß die Natur mit dem Ornamentalschmuck sich bei ihnen etwas leisten durfte, das in bedrohterer Lage zu gefährlich gewesen wäre.

Daß aber die Männchen in Körper wie Instinkt die rhythmische Steigerung häufig mehr vor uns bewähren als die oft unscheinbaren, nicht tanzenden und nicht singenden Weibchen — das könnte wieder sein, weil die Nutzzüchtung beim Weibchen doch stärker gebremst, dieses kostbarste Gut für die Erhaltung der Art nachträglich immer wieder in unscheinbarere Schutzfarben gekleidet und mit Rücksicht auf seine mehr oder minder schwere Geburtsarbeit an zuviel Kraftvergeudung ans Rhythmische gehindert habe. (Diese Erklärung ist bereits einwandfrei von unserem Altmeister Goethe in seiner „Einleitung in die vergleichende Anatomie" von 1795 im vierten Kapitel gegeben worden.)

So könnte man denken. Es ist aber doch noch mehr versuchsweise gedacht worden.

Man nahm an und nimmt vielfach an, daß' wenigstens zu dem Liebesleben der höheren Tiere jedesmal eine bestimmte Wahl seitens der Weibchen gehöre. Sie sollten stets oder doch meistens bestimmte Männchen aus mehreren, die sich zur Liebe anböten, bevorzugen. Also eine beständige Liebesauslese ausüben können. Und darauf sind dann wieder mehr oder weniger verwickelte weitere Theorien auch für das Rhythmische aufgebaut worden.

Wenn die Liebeshitze das Rhythmische gleichsam stärker mit herauspeitschen kann — ob dann nicht solches verstärkte Rhythmische gegebenenfalls selber auch wieder Erotisches aufpeitschen könnte? Das könnte aber folgende Linie ergeben.

Wenn vielfach nur die Männchen durch die Liebe rhythmisch gesteigert wurden, die Weibchen aber nicht — so konnte erhöhter Rhythmus der Männchen auf die Weibchen liebeserregend wirken, klar aber dann: bei der besagten Wahl müßte das Weibchen sich notwendig dem bestrhythmischen Männchen hingeben, da dieses es einfach am stärksten aufregte.

Der Gedanke ließe sich hören, obwohl immer noch ein Sprung darin bleibt: daß erhöhte Rhythmik ohne weiteres sexuell steigern soll. Jedenfalls aber hätte er wieder Konsequenzen.

Das Rhythmische selbst würde durch die einseitige Begünstigung stets des besten Sängers, Tänzers usw. fortgesetzt gesteigert oder doch in Reinkultur gehalten worden sein. Zugleich rückte es aber als berufener Geschlechtserreger in die praktischen Nutzzwecke zur Erhaltung der Art selber ein und unterläge deren Nutzzüchtung. Man dürfte sich nicht wundern, wenn das erotische Leben auf dieser Stufe schließlich die ganze Rhythmik wirklich überwuchert und für sich mit Beschlag belegt hätte.

Dieser Gedanke hat viele gefesselt und fesselt noch, zumal er der „Wahl" bei den Weibchen selbst etwas durchaus Zwangsweise, Suggestives wahrt, wie es auf dieser Stufe noch näherzuliegen scheint.

Inzwischen hatte der alte Darwin aber noch einen anderen Gedanken verfolgt.

Er ging vom rhythmischen Trieb selbst aus, den er an dieser Ecke zuerst äußerst klar sah.

Durch den Rhythmus der Männchen sollte das Weibchen nicht sexuell erregt werden, sondern selber feinen rhythmischen Wahlerregungen unterliegen.

Es sollte aus eigenem rhythmischem Sinn stets das rhythmisch vollkommenste Männchen wählen.

Man konnte auch das noch suggestiv denken als eine Art rhythmischer Hypnose. Aber wie Darwin es darstellte, schien es doch leichtmehr.

Man kam auf einen raffinierten Schönheitssinn der Weibchen, der immer schöner singende, tanzende, aussehende Männchen züchtete.

Schließlich glaubte Darwin fast die ganze organische Ornamentalschönheit unserer ersten Stufe auch rein aus der Wahlzüchtung dieser zweiten ziehen zu können, indem er z.B. auch alle Schmetterlingsherrlichkeit so ableitete und den rhythmischen Sinn der Weibchen mit der Zeit immer feinere und feinere Effekte herausholen ließ.

Der Gedanke hatte bei aller genialen Durchführung aus Darwins unbegrenztem Wissens- und Ideenschatz mehrere Stellen, wo er angreifbar war.

Für die letzten Gebiete, wie jene Radiolarien, langte er doch nicht, denn da war überhaupt kein wählendes Auge mehr gegeben.

Es mußte also doch noch ein unabhängiges Ornamentalgebiet aus sich bestehen.

Selbst bei Schmetterlingen aber wurde so extreme Schönheitswahl mehr als bedenklich.

Galt aber bis hierher die Unterschicht, so mochte sie auch bis zu den Vögeln gelten.

Schließlich handelte es sich vielleicht doch nur um eine leise Nachhilfe, die aber dann das starke GrundaufgeboL des schon so weit entwickelten ästhetischen Sinns nicht lohnte.

Immerhin hat auch der Darwinsche Gedanke noch immer Anhänger, die vor allem fest an die Laubenvögel anknüpfen und meinen, wer bunte Federn zur Verzierung sammelt, hätte auch lebenden Vögeln solche Buntfedern durch konsequente Wahl aus den Leib züchten können. Und sollte sie fallen (schwer widerlegbar, wie beweisbar sie ist), so wird die Theorie der „geschlechtlichen Zuchtwahl", wie Darwin sie bezeichnet hatte, jederzeit ein interessantes Ideendokument der Menschheit und Kunstgeschichte bleiben.

Nun aber: beide letzte Theorien ruhen auf der Wahrheit der Liebeswahl überhaupt.

Und es muß leider gesagt sein, daß sie in dem dort angenommenen Umfang bisher keineswegs sicher bewiesen ist. Nicht bei Vögeln und vollends nicht bei Insekten.

Hier macht sich (wie so oft) eine höchst bedauerliche Lücke in unseren neueren Tierbeobachtungen geltend, die erst zu beseitigen wäre und die von keiner noch so logischen Theorie beseitigt wird. Es ist ein Jammer, wie wenig wir praktisch vom Tierleben hier wieder wissen.

Wenn die Weibchen überhaupt nicht so frei wählen, wie man vorausgesetzt hatte, so bleibt es aber wirklich ziemlich gleichgültig, ob sie es nun aus Geschlechtserregung durch Rhythmisches oder aus unmittelbarer ästhetischer Rhythmuswahl selbst tun würden.

Wir sind also nach wie vor nur Vermutungen über das Eindringen des Rhythmischen gerade in die Geschlechtssphäre auf der Instinktstufe ausgeliefert, von denen uns keine absolut sicheren Roden gibt.

Darum bleibt aber für unseren Gesamtfaden doch die Existenz auch von rhythmischen Instinkten bestehen, in denen sich auch die zweite Vorstufe unserer menschlichen Kunst darstellen konnte.

Wobei ich abschließend bloß noch bemerken will, daß ich auch hier die Frage nach der Gefühlsseite absichtlich weggelassen habe.

Auch Instinkt, wenn er doch sicher bereits eine Gehirnsache im Rahmen des Geistigen darstellt, kann in moderner Naturforscherfassung noch ohne Gefühl definiert werden. Daß solches einspielt, kann aber ebensowenig ausgeschlossen werden.

Ein Vogel hat sicher bereits reich entwickelte Gefühle. Und es hielte meines Erachtens sehr schwer, sich hineinzudenken, daß eine Amsel nicht auch schon eigenes Wohlgefallen an ihrem Gesang haben sollte.

Wenn Darwin recht hätte, könnte auch seine rhythmische Wahl der Weibchen von angenehmen Empfindungen begleitet sein, wie er selbst wohl stets annahm. Rhythmus als sexueller Erreger würde aber ähnlich wirken müssen; wollen wir doch nicht übersehen, daß die Liebe selbst mit Wollustprämien arbeitet.

Aber ich gebe zu, daß die Empfindungsseite schwer im Instinktbegriff von heute unterzubringen ist. Dafür ist er selber einstweilen unklar genug und reichlich provisorisch. Manchmal will mir scheinen, er sei trotz aller unendlichen Mühe, die unsere schlauesten Leute darangewendet, noch so unzulänglich, wie auf anderem Gebiet die Theorien über die Eiszeit. Das muß nun auch vorläufig hingenommen werden.

Die nächste und letzte Stufe aber wäre jetzt der Mensch selbst.

Ich verglich das künstlerische Erlebnis mit einem wachen Traum. Im Wesen des ganzen Menschen liegt aber etwas von solchem Erwachen gegenüber der niederen Natur.

Die Persönlichkeit erwachte in ihm im Gegensatz zum Tier, das auch als Einzelwesen unerbittlich noch am Gängelbande deL gleichmachenden Art-Instinktes hing.

Über diese Persönlichkeit geht fortan auch die Kunst, und es bedarf nur dieses Wortes, um zu verstehen, daß es jetzt erst echte Kunst geben konnte, gestaltend aus dem Kern solcher bewußten Persönlichkeit.

Das Wort ist dabei besser noch als Intelligenz, die zu leicht an reine Nützlichkeit auch auf dieser dritten Stufe denken läßt.

Mag man noch so sehr betonen, daß auch diese menschliche Kunst das dunkle „Es" des uralten Geheimnisses bewahrt, das immer wieder aus dem Unbekannten auch in sie eingeht, gleichsam den Goldgrund bildet, vor dem das Antlitz der Person wie in heiligenbildern steht, — so ist doch das Entscheidende, daß auch dieses Letzte sich jetzt nur noch durchsetzen kann und durchsetzen muß durch die Persönlichkeit. Erst diese Person zeugt fortan die neue äußere Kunstwirklichkeit in Klang und Wort und Bild, die, wirklich und doch einer höheren Welt angehörig, zwischen die hart sich stoßenden Dinge des Alltagsraumes tritt.

Gern möchten wir den Finger auf den Moment legen, wo dieser entscheidendste Akt geschah. Ist uns doch der Ursprung des Menschen historisch sicher unendlich viel näher noch, als etwa die erste organische Bildung oder ein erster Instinktanfang.

Aber trotz aller guten Indizienbeweise haben wir bekanntlich einstweilen nicht einmal die Knochen, die Schädel des Übergangs — geschweige, daß uns solcher Schädel etwas von dem tieferen geistigen Hergang verraten könnte, der sich gewiß hinter ihm vollzogen hat, aber eben „hinter" ihm.

Immerhin können uns ein klein wenig die obersten Giere noch lehren, die, ohne selber Menschen zu werden, dem wahren Geheimnis doch noch sehr nahegestanden haben müssen, um dann in seltsamer Beharrlichkeit bis heute einfach so fortzuexistieren.

Bei den höheren Säugetieren wird vielfach sichtbar, daß der Instinkt schon etwas abblaßt, während die Persönlichkeit leise steigt. Man hat den Eindruck, daß auch diese Persönlichkeit langer Hand bereits angelegt war, aber auf der ganzen Mittelstufe gleichsam überglänzt, unterdrückt wurde von der Allmacht des Instinkts. Es brauchen nicht gerade unmittelbare vorfahren des Menschen zu fein, die das verraten, aber es ist doch der Schatten der Menschwerdung, der sich hier bereits auf dem ganzen Spielraum zu verbreiten beginnt.

Beim Menschenaffen, der sicherlich auch in der Skala selbst einmal ganz nahegestanden hat, nimmt das dann bereits greifbare Gestalt an.

Bei den so berühmt gewordenen und wirklich vortrefflichen Koehlerschen Prüfungen in der Affenstation auf Teneriffa kam auch dem Ungläubigsten klar zutage, daß Schimpansen für Nutzzwecke bereits persönlich handelten, wählten, probten, abänderten.

Gerade diese intelligenten Affen zeigten aber, lehrreich genug, auf ihrer Ülbergangsstufe auch offensichtliche Kunstzüge, wie sie sonst bei Säugetieren nicht so sehr häufig erscheinen. Sie tanzten, indem sie im Kreisspiel das Gehen rhythmisch stilisierten (Ausdruck von Koehler selbst), sammelten rote Lappen und glänzende Kiesel. Das konnten an sich noch nachklingende Laubenvogelinstinkte aus ihrem Urwald sein. Über wie sie sich dargereichte Metallketten und Schnüre in sichtbar gesteigertem Selbstgefühl als Schmuck um Hals und Ohren schlangen, auf hohlen Blechbüchsen tuteten und gar weißen Ton zu Farbe anfeuchteten, um Wände und den eigenen Leib regelrecht zu bemalen — das sah doch schon unzweideutig „persönlich" aus. wie ihr Intellekt bereits Holz zum Werkzeug spontan anspitzte, so meint man hier die äußere Technik auch zur Farbenkunst bereits individuell von einem klugen Einzelaffen erfunden. (Ein Geschlechtsbezug war dabei offenbar hier nicht Bedingung.)

Wenn diese Affentechniker trotzdem selber keine Menschen geworden sind, so kann es intellektuell nur an einer Lichthöhe gelegen haben, die allerdings auch sie noch nicht überschritten. Sie besaßen noch kein begriffliches Denken und gelangten im engsten Zusammenhang damit auch nicht zur echten menschlichen Sprache, die alle Menschen, von denen wir wissen, haben und die kein Tier je besessen hat. In dem tiefsinnigen Mythus der Bibel wird sehr mit Bedeutung hervorgehoben, daß der Mensch zuerst den Tieren Namen gab, was genau auf diesen Punkt geht. Ich bin aber der Ansicht, daß er auch wieder von einer weiteren ausschlaggebenden Bedeutung war für die wirklich ausübende Kunst.

Mit etwas befeuchtetem Farbton als Mittel war es allein doch noch nicht getan. Es mußte noch „ein Tier" dazu, wenn es ein wirkliches Tierbild werden sollte. „Ein Hirsch." Oder auch „ein Mensch". Auch dazu ist aber die innere Brücke des begrifflichen Denkens nötig gewesen, wie in der Sprache zur Wortbezeichnung. Ich glaube aber auch, daß das nicht auf die bildende Kunst allein Bezug hat. Es entspricht ebenso dem Sinn in jedem Tanz, wie ihn selbst der roheste wilde hineinlegt, der „Idee" in jedem Ornament; selbst auf die Musik wäre es zuletzt anzuwenden. Am „Tage" (biblisch gesprochen), da der Mensch auch an diesen Zauberring in seiner erwachten Persönlichkeit rührte, ist er „Mensch" geworden und nicht zum Schimpansen lebendig versteinert. Am gleichen Tage ist aber auch die ganze Kunst geboren worden, ob sie nun in der Folge von namenlosen Südseeinsulanern oder Raffael und Beethoven ausgeübt werden sollte.

Es scheint doch noch ein Rätsel in dieser menschlichen Kunst zu geben.

Wo in den letzten Jahrzehnten vom „Ursprung der Kunst" die Rede war, da hat es eine Hauptrolle gespielt.

Bis in weiteste Kreise hat man sich mit ihm beschäftigen zu müssen geglaubt, nachdem einmal eine gewisse Tatsachenkunde durchgedrungen war.

Wissenschaftlich hat es eine unendliche Literatur erzeugt — auch von solchen, die vorher an Abstammungsfragen hier nicht im Traum gedacht hatten. An ihm erst hat sich die eigentliche, gegen alles auch nur halb Naturgeschichtliche durchweg stark vermauerte Kunstgeschichte aufgeregt und ihr schwerstes Geschütz spielen lassen. Mit Recht? Mit Unrecht?

Es ist hier jedenfalls ein ganzer Geistesfeldzug für sich noch einmal ausgefochten worden. Und es ist wohl nur angemessen, wenn ich ihm den Rest dieses Bändchens widme, vielleicht doch mit einem Versuch, auch hier wenigstens etwas Klarheit zu schaffen — auf die Gefahr, daß ein zunächst Ungeheuerliches und einzigartig verblüffendes schließlich doch auch einfacher aussieht und damit an Sensation einbüßt, wenn auch nicht an Interesse.

Ausgangspunkt wurden wirklich jene Diluvialmenschen.

Unsere Kenntnis von so entlegenem Menschentum ist schrittweise gekommen. Sonst hätte sie uns noch mehr verblüfft.

Zuerst zeigte sich auch hier seine Nützlichkeitskultur — einfachste Waffen und Werkzeuge aus Stein und Tierhorn.

Noch keine Nutzpflanzen, kein Haustier, nicht einmal der Hund. Keine Töpferei, geschweige Metalle.

Das war doch sehr wenig; denn wenn es auch bei den heutigen afrikanischen Buschmännern in ihrem Winkel noch immer eine gewisse Analogie findet, so stand man doch hier, so schien es, vor all diesen Dingen noch in der Gesamtkultur überhaupt — darauf wies doch wohl der ungeheure Zeitabstand.

Es waren Menschen einer anderen geologischen Epoche (eben der Diluvialzeit), die in der letzten Eiszeit und (vermutlich) einer voraufgegangenen wärmeren Zwischeneiszeit gelebt hatten — die damals in unserem Europa Elefanten und Nashörner gejagt hatten.

Ich will nicht mit Zahlen spielen, aber das mußte doch schon mehrere Zehntausende hinter die eigentlich historische Kultur zurückgehen.

Dann bekamen wir in Skeletten die Menschen selbst zu sehen, relativ wohlerhalten, da sie schon sorgsam bestattet waren.

Zwei Rassen, eine ältere, robustere, — keine Tiermenschen, aber doch recht fremdartig: die Neandertaler- wohl aus jener warmen Zwischeneiszeit, wo sie wirklich etwa wie heutige Buschmänner bei uns gelebt haben mochten. Und eine jüngere, feinere (oder mehrere solcher) in der letzten Eiszeit selbst.

Man lernte die Kultur dazu auf Stufen bringen, drei alte etwa (Chelleen, Acheuleen, Mousterien) für die Neandertaler; drei weitere (mindestens) als Aurignacien, Solutreen, Magdalenien für die Feineren. Kein großer, aber doch ein merkbarer Fortschritt, der sich daran geltend machte.

Inzwischen begann man langsam, widerstrebend aber auch das Dritte, wunderbarste zu ahnen.

Wenigstens die obere Reihe war bereits erfüllt mit Kunst.

Bildender Kunst.

Diese Aurignacenser bis Magdalenier hatten sich massenhaft in Stein, Mammutelfenbein, Tierhorn, auf Höhlenwänden und -decken künstlerisch verewigt, hatten Tier- und Menschenfiguren plastisch geschnitzt, Bildumrisse eingeschnitten, Reliefs hergestellt, zuletzt sogar unmittelbar auf dem Höhlenfels gemalt, einfarbig, schließlich bereits prachtvoll bunt.

Ein bestimmtes Lokalgebiet schien sich zunächst für diese Kunst einheitlich abzugrenzen. Südfrankreich bis über die Pyrenäen nach Nord- und Westspanien hinein, auf der anderen Seite durch die Schweiz bis zum Rhein; getrennt im Osten, über Österreich, noch etwas wie eine Insel dazu dämmernd.

Was nun aber für eine Höhe schon in dieser Kunst!

Das war das eigentliche, ich möchte fast sagen, Niederschmetternde.

Tierbilder von fabelhafter Naturwahrheit, Lebendigkeit. In höchsten technischen Mitteln. Und dabei doch noch als Modell auch hier Mammut, Nashorn, Bison, Wildpferd, Renntier. Neben einzelnen Proben, daß man es wohl auch vom Menschen konnte.

Ich greife nur ein Beispiel heraus, ohne hier weiter beschreiben zu wollen.*)

Ein kleiner ausgeschnitzter Pferdekopf aus der tunnelartigen, vom Fluß durchströmten Riesenhöhle von Mas d'Azil im französischen Pyrenäenvorland. Magdalenienzeit- aus Renntierhorn,- damals noch nicht gezähmtes Wildpferd mit kurzer Mähne; wiehernd,- leicht stilisiert.

Aber nun von einer wahrhaft antik klassischen Schönheit. Man hat ihn ohne Übertreibung mit den Parthenonpferden der Phidias- schule verglichen. Es mochte auch damals das Meisterwerk eines begnadeten Einzelkünstlers gewesen sein, steht aber doch nicht allein.

Ein erster Kenner, Eduard Meyer in seiner „Geschichte des Alter- tums", urteilt hierzu und allgemein: „Line Höhe der Kunst, der scharfen Beobachtung und realistischen Wiedergabe der Natur und eine Entwicklung der Technik, der die neolithische [jungsteinzeitliche] Zeit und die heutigen sog. Naturvölker nirgends auch nur Ähnliches zur Seite zu setzen haben. Erst die Schöpfungen der Ägypter kurz vor der ersten Dynastie, die der Babylonier etwa seit Sargon und Naram- sin, oder auch die der Kreter auf der Höhe ihrer Kultur lassen sich an künstlerischem Empfinden diesen Erzeugnissen vergleichen. Ia, bei manchen Tierzeichnungen wird man in Ägypten bis zur fünften Dynastie hinabgehen müssen, um gleichartige parallelen zu finden."

Von ähnlich bedeutenden Ritzzeichnungen hat Schuchhardt das Wort geprägt: „wie mit Rembrandtscher Rohrfeder gezeichnet." „Man fühlt noch ganz frisch die künstlerische Freude nach, die so etwas geschaffen hat."

Die herrlichen Farbentafeln, die Breuil mit Cartailhac nach den Deckengemälden der nordspanischen Höhle von Altamira gegeben hat, wird niemand ohne Gefühl tiefster Ergriffenheit durchblättern können.

Das war nicht ein erster versuch, sondern bereits eine strahlende Kunstreife.

Am Rande von Eiszeitgletschern und, nochmals betont, mit Bi- sons, Mammuten und diluvialen Wildpferden als Motiv.

Bei Menschen, deren Nutztechnik auch verbessert bis zum Schluß bei Stein, Horn und Holz ruhte.

Alle Schnitzereien selbst mit feinem Stein ausgeführt, die Ma- lerei bestenfalls mit ein paar einfachen Naturfarbstoffen (Rötel, Ocker, Schwarz und Weiß), wie sie bereits jene Schimpansen zu belustigen begannen.

Begreiflich, daß diese Entdeckung, als sie einmal feststand (und sie steht heute als solche absolut fest), selber eine Art Hypnose aus die erste Generation ihrer modernen Beurteiler ausüben mußte.

Es waren zunächst meist angesehene Naturforscher, erst später haben sich auch wirkliche Kunstsachverständige eingemischt. Naturforscher, die wenigstens in der Mehrzahl auf entwicklungsgeschicht-lichem Boden standen. Aber hier, wenn das die wirkliche Ur- und An-fangskunst der Menschheit sein sollte, schien etwas aller Entwicklung, ins Gesicht zu schlagen. Als sei der Mensch wirklich gleich geistig fertig vom Himmel gefallen.

Bei den Neandertalern wollte sich einstweilen noch gar keine Bildkunst finden lassen. So schien der Anfang am gleichen Ort bei den ersten Aurignacensern völlig unvermittelt zu liegen. Min-destens schienen allerlei Hilfstheorien nötig. Ich verzeichne auch hier wieder ein paar Gedanken, die man da zunächst gehabt hat.

Etwa vier Fünftel dieser bisher gefundenen Bildwerke (die Funde jagen sich bis heute) stellten in meist vorzüglich naturgetreuer Technik mit extremer Einzellebendigkeit Tiere der Zeit dar.

Mit dem früher einmal angezogenen Wort also natura-listische Kunst, allerdings ganz hervorragend dabei auch mit jenem Zuge der inneren Einheitsschau; den modernen Zoologen entzückten z. B. die „richtigen" Einzelheiten der Mammute, der moderne Maler berauschte sich an dem seelischen Todeskampf im Auge und Schweif-schlag eines vom Speer getroffen hingestürzten Bisons, den sein ur-alter Fachgenosse bereits so fabelhaft hineingeschaut.

Hier setzte also zuerst ein Gedanke ein.

Die Anfangskunst des Menschen sei zunächst rein naturalistisch gewesen.

Er zeichnete und malte nur, was er sah. Er änderte, stilisierte überhaupt noch nicht. Die in diesem Sinne „vergeistigende" Seite fehlte ihm noch vollständig. Die sei erst viel später gekommen.

In der folgenden Jungsteinzeit und werdenden Metallzeit sehen wir allerdings die europäische Kunst fast ganz aus dieser Natur-treue heraus — extrem auf Ornament, Stilisierung gewandt, Mensch und Tier zu oft fast gespenstischem Gebild umschauend.

Das sei eben die Folgezeit. Der Mensch wurde dort vor allem religiös, dachte sich Leib und Seele getrennt, erfand Magie und Ge-spenster. Und das verdarb die Kunst auf lange, füllte sie mit Ideen, statt Natur. Erst bei uns, die wir aus solchem Dualismus und Seelen-kult wieder herauskommen, nimmt auch die Kunst wieder neue na-turalistische Anläufe. Aber wir sind arg verbildet. Der Eiszeitmensch dagegen war in dem Punkte noch der „reine Tor". Und deshalb gelangte er gleich zu so über alle Maßen herrlichem Rein-Natu-ralismus.

Max Verworn (ausgezeichneter Naturforscher) hat so ähnlich geschlossen.

Es lag nahe, von hier zu folgern, daß, wer sich nur nicht mit „Ideen" verfälsche, nicht die Wucherpflanze der „Vorstellungen" kultiviere, eben damit allein schon ein Künstler sei. So wären am Ende alle Eiszeitmenschen durch die Bank echte ausübende Künstler gewesen. Und wenn heute wenigstens hier und da noch solches Genie einzeln auftauche, so sei's nur ein Rückschlag auf diese gottbegnadete Allkünstlerzeit des diluvialen Paradieses.

Wieder andere gaben aber doch auch dem Grundgedanken eine bösere Wendung für unsere Diluvialahnen selbst.

Der Wiener Moritz Hoernes, ein erstklassiger Ordner und Darsteller des ganzen prähistorischen Gebiets, von umfassendem Wissen, wenn auch weit geringerem künstlerischem Blick, konstruierte etwa so.

Der Grundnerv dieser ganzen Diluvialkunst sei eigentlich gewesen, daß dieser Mensch ewig hungrig war. Er lechzte als wilder Jäger ewig nach Fleisch, mehr Fleisch. Mammut- oder Bisonfleisch zum Mahl. Vielleicht auch erotisch nach Weiberfleisch. (Deshalb die an sich wirklich festgestellte Fettleibigkeit gewisser Menschenplastiken der Aurignacenser.) Er konnte einfach gar nicht genug kriegen. „Weib, o Weib! Fettes Weib! Schönes Weib! Bison, großer Bison! Starker Bison!" (wörtlich so bei Hoernes), war der beständige rote Schrei seiner Seele. Deshalb wurde auch seine Kunst die reine Lyrik dieses Schreies. Deshalb die lechzende Masse dieser Kunst, das verbreiten bis in dunkelste unwegsamste Höhlenschlünde, das mehrfache Übereinandermalen an ein und derselben Stelle.

Die Kunst selber kam auch ihm dabei ganz roh suggestiv vom Objekt zu. Der Hergang lief auf eine einfache Faszination des Auges hinaus, eine „Mußbeschäftigung", des engeren daheim wieder angeregt durch zufällige Linien und Buckel der Höhlenwänüe etwa wie gewisse erotische Kritzeleien aus geheimen Orten bei uns.

Als vergleich könne auch das sog. „Hasenlaufen" gelten, das dem Jäger nach ergiebigem Jagdtage vor dem Einschlafen immer wieder bei geschlossenem Auge Hasen in größter Naturwahrheit der Stellung vorüberlaufen lasse.

Dem wohlwollenden Leser wird nicht entgehen, daß auch hier aus dem Fetthunger allein doch noch nicht die objektive Höhe dieser Kunst erklärt wird. Es müßte denn die vorzügliche Technik gewisser berühmter älterer Niederländer unserer Galerien auch rein aus dem Wurstreiz ihrer Stilleben abzuleiten sein.

Vielleicht könnte hier nur eine Hilfstheorie fördern, die ebenfalls gelegentlich aufgestellt worden ist: der Mensch sei auf dieser Stufe überhaupt noch reines Instinktgeschöpf gewesen. So habe er mit der vollkommenen Folgerichtigkeit und Unfehlbarkeit solchen Instinkts einfach zwangsweise treu zeichnen müssen, ohne selber irgendeine Empfindung zu besitzen, was er tat; also strenggenommen noch einmal Rückschritt hinter jene Schimpansen Koehlers.

Hoernes selbst war andererseits sehr geneigt, vor „Überschätzung" jenes angeblichen diluvialen Kunstwertes selbst zu warnen.

Es sei zuzugeben, daß in der ganzen Zeit zwischen jenem Pferdekopf von Mas d'Azil und den griechischen Parthenonpferüen in der Tierdarstellung nichts vergleichbar vollkommenes geleistet worden sei. Über diese hohe Phidiaskunst bilde ein Glied in langer kunstgeschichtlicher Entwicklungskette, die Diluvialkunst dagegen sei bloß eine für alle wahre Kultur belanglose Moment-Mutation gewesen. Sie hatte „keine Vergangenheit und keine Folge", kam „aus dem Nichts" (offenbar mit dem ersten Aurignacensermagen, obwohl die Neandertaler doch auch wohl schon gelegentlichen Fetthunger verspürt haben mochten) und ging ohne echte eigene Entwicklung „wieder ins Nichts" — im Grunde tiefste Unfruchtbarkeit, bettelarme Borniertheit (ich gebrauche fast lauter Hoernessche Ausdrücke), die uns nur durch jenen Zwang formaler Vollendung äfft. Mit solchem „Ungeist" waren diese Troglodyten geschlagen, daß ihnen „die Syntax der bildenden Kunst ewig verschlossen" bleiben mußte.

So wanderten die Gedanken.

Gelegentlich wurden wir auch noch in einem anderen Sinne „nationalökonomisch" belehrt: daß diese wilde naturalistische Urkunst lediglich noch Jägerkunst des Mannes gewesen sei. Als später der Ackerbau eingeführt wurde und die Töpferei in die Hand der Frau kam, begann deren, rein ästhetisch betrachtet, „kleinliche, geistlose" und im Gegensatz zum Mann „pedantisch-ordnungsliebende" Art auf die Kunst zu drücken (ich referiere nur!) und leitete vom Topfschmuck eine Epoche des naturfremden Ornaments und der „abergläubischen" Kunst ein.

Es dürfte doch recht lehrreich sein, kurz zusammenzustellen, was die inzwischen rasch weitergehende Diluvialforschung heute bereits von all diesen glänzenden Konstruktionen übrig gelassen hat.

Hoernes selbst war allerdings der Ansicht, daß „Überraschungen durch zukünftige Fünde" gegenüber seinen Ideen „wahrscheinlich vollkommen ausgeschlossen" seien.

Zunächst sollte auch ohne neue Funde klar sein, daß wir in all dem Material zunächst doch nur den Ausschnitt der engeren bildenden Kunst dieser alten Leute vor uns haben.

Sollte aber ein hier so reich begabtes Volk sich nicht auch gleich allen Naturvölkern von heute künstlerisch in Tanz, Musik, Gesang ausgelebt haben? Schmuck trugen sie, wie wir wissen, in Masse. Es ist aus den Resten wahrscheinlich, daß sie Pansflöten aus Röhrenknochen herstellten, auf denen sie doch wohl nicht bloß „Hasenlaufen" gespielt haben werden.

Hier würden aber überall rhythmische Bewegungen und Erzeugungen nicht zu vermeiden gewesen sein, auf deren Fehlen die meisten jener Theorien, recht besehen, doch aufbauen.

Was die mysteriöse Entstehung aus dem Nichts anbetrifft, so ist nur richtig daran, daß wir aus dem Chelleen bis Mousterien bisher keine Zeugnisse gerade bildender Kunst besitzen. Damals lebte aber unter ganz anderen klimatischen Verhältnissen eine völlig andere Rasse, die Neandertaler, von denen bisher durchaus nicht feststeht, daß sie sich in die folgende höhere Rasse verwandelt hätten, viel einleuchtender handelt es sich um einen Ersatz durch Einwanderung, wobei die neuen Menschen ihre Kunst schon mitbrachten, ohne daß wir irgendetwas darüber aussagen könnten, was für eigene Entwicklungen an anderem Fleck da schon voraufgegangen waren.

Ebenso unbewiesen ist aber bislang, daß die Neandertaler selbst noch ganz kunstfrei gewesen seien.

Hugo Obermaier, dem wir ein geistvolles Werk über den „Menschen der Vorzeit" (von klerikalem Grundstandpunkt, der aber doch meist geschmackvoll gemäßigt ist) verdanken, bezeichnet es mit Recht als eine „totale Verkennung der Menschennatur", diesen Neandertalmenschen „Körperschmuck und jede freie primitive Kunstbetätigung" absprechen zu wollen.

Denkbar, daß sie eben als Rasse weniger gerade zu bildender Kunst neigten,

Sehr möglich, daß ihre technische Bevorzugung von Steinwerkzeugen gegenüber Bein und Horn sie gerade am Gravieren und Schnitzen als Ausgangspunkt gehindert oder auf Holz gewiesen hat, das nicht erhalten ist. Solche reinen Materialfragen sind aber bei der Kunst aller Völker bis heute wichtig gewesen. Bereits wird für Knochenarbeit, wo sie doch im Mousterien schon vorkommt, neuerlich prompt auch schon Kunstarbeit behauptet, hier kann trotz Hoernes ein einziger ganz sicherer neuer Fund all jene Urweisheit umwerfen.

Aber bleiben wir ruhig bei der höheren Rasse. So ist Verworns purer Ur-Naturalismus und schließlich doch auch Hoernes' rohe Freßtheorie hinfällig im Augenblick, wo auch für die Diluvialzeit bereits deutliches religiöses Leben mit Seelenkult nachweisbar wäre.

Dieser Beweis ist restlos geglückt.

Schon der so rasch berühmt gewordene Neandertaler-Knabe, den Hauser und Klaatsch 1908 als Homo mousteriensis im Vézèretal ausgegraben haben, war allem Anschein nach sorgsam in seitlicher Schlafstellung und unter Beigabe von Waffe und Proviant bestattet worden.

Ähnliche und noch viel sicherere und verwickeltere Begräbnisse, oft in deutlicher Hockerstellung, mit reichstem Schmuck, die Knochen mit Rötel bestreut, liegen jetzt auch aus der jüngeren Rasse in ganzer Menge vor.

Die Beigaben deuten nach sicherster Analogie heutiger Naturvölker durchaus auf Seelentrennung, Unsterblichkeitsglauben, Totenkult. Die rote Farbe soll Ansehen des Blutes, fortgesetzten Lebens geben.

Wenn das die Kunst beeinflussen konnte, so war der stärkste Einfluß da.

Weitere Züge hierherüber geben dann die Bildwerke selbst.

Man besitzt Darstellungen von Menschen, die Tierfelle noch mit den natürlichen Köpfen daran, z. B. von Gemsen, samt dem Gehörn übergestülpt tragen. Das konnten Jagdverkleidungen zum unbemerkten Beschleichen des Wildes nach Buschmannart sein. Aber auch die bei heutigen Wilden so beliebten Tanzmasken für magische Tänze und Kult.

Ganz kürzlich ist nun in der Höhle Trois Frères (Provinz Ariège an den Pyrenäen) eine große Gestalt entdeckt worden, die auch diese Frage im letzteren Sinne zu erledigen scheint. „Die Figur ist etwa 75 cm lang und steht in Verbindung mit einem gravierten Friese von Tierbildern (Pferd, Bison, Löwe, Mammut, Bär, Nashorn, Renn usw.). Sie befindet sich hoch am Ende der Höhlenwand und beherrscht den ganzen Raum. Das Bild ist graviert, die Umrißlinien sind teilweise durch schwarze Farbe betont. Die Darstellung der Bewegung ist ungewöhnlich vollkommen: während der Körper im Profil gegeben ist, wendet sich das Gesicht voll dem Beschauer zu. Die Wiedergabe der Einzelheiten läßt erfreulicherweise an Deutlichkeit nichts zu wünschen übrig. Die Bildung der Hände und Füße sowie die Wiedergabe der Genitalien behebt jeden Zweifel darüber, daß es sich hier um einen verkleideten Menschen handelt. Auffallend ist der lange Pferdeschwanz, der zu einem Hirschfell nicht paßt."

Gerade diese Verbindung von Hirschdecke und Roßschweif widerstreitet aber einer rein profanen Jagdmaske. Oswald Menghin, der umsichtige neueste Bearbeiter von Hoernes' Hauptwerk, dem das Zitat entnommen, gibt nach diesem Fund eines so unzweideutigen „Zauberers" rund zu, daß Hoernes' Ablehnung aller diluvialen Kultdarstellung ferner nicht mehr zu halten sei.

Darüber werden aber noch andere Sachen wichtig. Was man bisher für Bilder von Zelten gehalten, könnten „Geisterfallen" sein, wie sie heute noch in der Magie der Malaien eine Rolle spielen. Schon längst ist vermutet worden, die vielen Einzeltierbilder auf Höhlenwänden und besonderen amuletthaften Gegenständen hingen mit der Idee eines Jagdzaubers zusammen — im Sinne, daß das Tier, von dem man ein Bild besitzt, leichter zu erlegen sei.

Solche Deutung kann natürlich selber wieder nicht die Existenz der Kunst und auch nicht ohne weiteres die hohe dieser Kunst erklären. Sie gibt einen sekundären Kunstzweck, der aber zu allen Zeiten (genau wie das Geschlechtliche) auch in die spätere Kunst seitens des Zauberwesens und der Religion eingespielt hat. Religion hat auf höchster Stufe dieser Kunst sogar echte und innerliche Anregung gegeben. Auf tieferer war sie aber selber immer eng mit Zauberei verquickt.

Also solcher Zauberzweck könnte uns doch manche Eigenart der Stoffwahl' und Methode auch dieser Altkunst enträtseln, Wir finden Bisonbilder mit Speeren im Leibe gezeichnet, was sehr gut paßte. Manchmal roh, handwerksmäßig, aber auch auf der herrlichen Saaldecke von Altamira, wo der Bison wirklich getroffen in ganzer farbiger Malpracht vor uns zusammenbricht.

Aber gerade dieser magische Zweck, der vielleicht durch uralte Überlieferung gefestigte, vorgeschriebene Regeln vertrat, könnte auch erklären, warum wir so hartnäckig immer wieder losgelöste Einzelfiguren von Tieren dargestellt sehen. Die Figuren selbst sind jede für sich bewegten Lebens voll, rennen, wiehern, sehen sich um, stürzen wie aus großen Gruppen solcher Jagd gewaltsam entnommen, aber sie sind meist nicht wirklich zu solcher Gruppe vereint. Jede steht (oft kunterbunt zu den anderen) auf eigenem Horizont. In Altamira hat man alle denkbaren Einzeltypen einer drohenden, flüchtenden, beschossenen, fallenden Bisonherde, aber auch hier bilden sie kein wahres Einheitsgemälde mit Bezug von Typ zu Typ.

Dabei konnten die Leute Gruppenbilder machen. Was man grundsätzlich auch dagegen gesagt hat, ist wieder vorgefaßte Theorie.

Man sieht wenigstens in kleiner Skizze, die nach Entwurf für Größeres schmeckt, ganz köstlich, fast in der 5lrt Wilhelm Buschs, Renntier- und Wildpferdherden, bloß die Ecktiere voll ausgezeichnet, die anderen durch Geweihe oder Köpfe und Beinstriche angedeutet, wenn etwas unmittelbar nach Skizze draußen vor der bewegten Szene selbst aussieht, so müßten es diese virtuos hingeworfenen Gruppen sein mit ihrer Atemlosigkeit der Improvisation.

Warum also bis in die erhaltenen riesigen Prachtgemälde der Bilderhöhlen so zäh bloß das Einzeltier?

Lag hier eine magische Vorschrift, ein Gesetz der Zauberer des Stammes für die Künstler vor, vor dem sie sich zu beugen hatten? Brächte nur das Einzelbild Glück, die Gruppe irgendeinen mystischen Schaden?

Die Frage hat noch Konsequenzen.

Waren gerade diese Bilderhöhlen nicht eigentliche Wohnungen, sondern Zauberkünste mit einem für Generationen wirksamen kombinierten Stammeszauber? Man könnte auch an Totenkult denken — Tiere für die Gründe des Jenseits, die doch auch geisterhaft einzeln schweben mußten nach wieder einem Ritual, Oder Häuptlingshöhlen, die (nach Art der Buschmänner) mit einzelnen noch bekannten Trophäen wie eine Bilderchronik bemalt wurden? Ich dächte doch, das wären wertvollere Gedanken, als eine Freßhypnose, die sich in Kunst verwandeln soll.

Zu den Menschenbildern, die man neuerlich auch' viel reicher zu finden beginnt, dabei noch ein Wort.

Bereits im Aurignacien stellten diese alten Herren offenbar mit Liebe kleine weibliche Püppchen her, bald in Elfenbein, bald in Stein, künstlerisch wie anatomisch auch durchaus beachtlich gemacht, aber offenbar durchweg mit etwas Eigensinn — auch sie wie auf eine Kult- oder sonstige Instanzvorschrift Rücksicht nehmend, die noch über der Kunst stand.

Das berühmteste Stück ist die sog. Venus von Willendorf aus dem Löß des Donautals in Niederösterreich. Der ferne Ort verrät die allgemeine Zeitmode. Venus gilt doch nur in spöttischem Sinne. Ein Scheusälchen von 11 cm hohe, mit tollen Brüsten, reichlichem Spitzbauch und Hinterteil, doch noch nicht ganz so schlimm im Sinne dessen, was man bei den Hottentottenfrauen Steatopygie (monströsen Fettsteiß) nennt. Jedenfalls stark geschlechtlich pointiert, nackt, bloß der Kopf seltsam kappenartig verhüllt und ohne Gesicht, die eben markierten Ärmchen mit Schmuckringen, die Füße nicht ausgeführt. Am Ganzen Reste roter Bemalung. Die Fundschicht oberstes Aurignacien. Nicht fern lag ein Vorratshaufen von Mammutstoßzähnen.

Man denkt unwillkürlich einen Augenblick an die Laune des Schicksals, die diesen Kobold durch die Jahrtausende kommen ließ, in denen der olympische Zeus des Phidias untergehen mußte!

Aus Brassempouy in Südfrankreich hat man verwandte elfenbeinerne Torsi, aus Predmost in Mähren, von dem berühmten Mammutschlachtfeld, fünf schwangere Frauen aus Mittelfußknochen dieses diluvialen Elefanten.

Was sollten diese Alräunchen?

Man hat diesmal wirklich mit Fruchtbarkeitsidolen, allerdings im Gegensatz zu Hoernes auch aus dem Magiegebiet, verglichen. Die verhüllende Haube kehrt auch modern als Schutz für Wöchnerinnen vor Kindbettfieber wieder. Aber auch bei Toten, um sie vor Dämonen zu bewahren.

An solchen Totenkult hat Schuchhardt in seinem bekannten geistreichen Buch „Alteuropa" gedacht. Der Rötel mahne deutlich an Tote. Das verborgene Gesicht und die Hände über der Brust verrieten Ehrerbietung vor der Gottheit. Die Nacktheit wäre vielleicht nur Wiedergabe echter Lebensgewohnheit in der warmen höhle, wie heute noch bei den Eskimo. So wären es vielleicht kleine Ahnenbilder gewesen, die man in Wandnischen der Wohnfelsen ausstellte.

Die Erklärung ist wahrscheinlicher geworden durch neue interessante Entdeckungen vortrefflicher Menschenreliefs in der Dordognehöhle von Laussel.

Man hat da zunächst den fast halbmeterhohen Relieftorso eines rein edelschlanken Jünglings, nackt, bloß mit einer Art Schmachtriemen, lebhaft bewegt, eine glänzende Probe. Mit solchen Figuren mehr, meint Hoernes, hätte ein Großes „entstehen können, wenn eine andere Sonne darüber geleuchtet hätte". Er ist aber Bestes entstanden und lag also eben auch schon in der Zeit!

Dazu auch hier wieder sehr fettleibige nackte Frauenfiguren in gleichem Relief, eine mit einem Steinbockhorn in der Rechten ist jetzt in Berlin. Auch darin verteidigt Schuchhardt Totenbilder über dem Bestattungsort, mit guter Dialektik. Das Horn sei dar älteste Opfergefäß. Es muß aber wohl doch noch ein geheimer Sexualbezug dabei gewesen sein.

Man datiert wieder ins Aurignacien. Gerade diese früheste bekannte Zeit der höheren Rasse wäre also bereits bis über den Kopf in religiöser Kult-Kunst gewesen trotz Hoernes und Verworn. Tatsachen sind schließlich jeder Theorie überlegen.

Und das muß auch von der Idee der „Allkunstbegabung" gelten, so bestechend sie ersonnen war.

Die Vorstellung, daß jeder im Stamm ein berufener Künstler sei, kann sich ja dem oberflächlichen Blick bei überhaupt kunstreichen Natur- und Halbkulturvölkern von heute leicht aufdrängen. In Wahrheit sind die Dinge auch dort nicht viel anders als bei uns. Wenige schaffen, erfinden wirklich; an sie schließt sich ein sehr viel breiteres Virtuosen- und Kunstgewerblertum; der große Rest ist Publikum, das zwar nicht ohne Kunstempfindung ist, aber doch nur aufnehmend. Selbst beim einfachsten Wildentanz gibt es den ursprünglichen Schöpfer, die Nachahmer, die in unendlicher Tradition sein Werk ausschleifen, bis nach erlahmter Mode wieder ein Meister ein neues Motiv liefert, und die zuschauende Masse. Kein Volk, wohin wir auch sehen, soweit wir zurückdenken, das nicht seine bestimmten gefeierten Dichter, Musiker von Beruf hätte, seine fahrenden Sänger, Künstlergilden und Kunstschulen. Selbst berühmte Tätowiermeister ziehen so herum. Nichts erscheint so folgerichtig, so gleichförmig in diesem Bilde auf all ihren Stufen, wie die Kunst. Wozu sich also Schwierigkeiten suchen für dieses alte Volk, das gerade in seiner Kunst (das ist ja das Problem) durchaus nichts primitives, sondern bereits eine glänzende Höhe hatte. Sicher werden wir auch für damals schon ein ähnlich geordnetes Kunstleben an- G nehmen dürfen, und recht besehen sprechen auch wieder mancherlei Züge der erhaltenen Bildwerke selber dafür.

In glücklichen Einzelfällen mag uns ein wirkliches Original überliefert sein, wie jener Meisterkopf von Mas d'Azil; daneben steht gute Nachahmung aus der Schule, roheres Dutzendprodukt bis zur völlig dilettantischen Kritzelei, wer Pompeji näher kennt, findet alle Gegensätze von dort auch hier wieder.

Gerade das, was die Kritik voreilig als Beschränktheit und Schwäche deuten wollte: der so weit verbreitete und zäh immer wiederkehrende einheitliche Stilcharakter, spricht (wie Obermaier wieder mit Recht ausgeführt hat) für echte Kunsttradition und wirkliche Schulen, spricht für weit von Stamm zu Stamm ziehende „fahrende Künstler", oft sonst vielleicht „arme Teufel", die, dem Jäger und Kriegerberuf nicht gewachsen, dafür den Ruhm ihrer begehrten Malerbegabung genossen.

Bisweilen meint man ihre Arbeit noch wie lebendig zu erblicken, wenn in einer spanischen Höhle (Hormos de la Penja) auf der Wand ein Pferdehinterteil eingraviert erscheint und daneben am Fleck selbst ein Pferdestirnbein erhalten ist mit der peinlich genauen Skizze dazu.

Auf gesonderte feinere und daneben mehr zweitklassige Arbeitsstätten weist, wenn an einer Fundstelle allgemein solche künstlerischen Erstproben und Versuchsproben in Menge auftauchen, an anderer dagegen durchweg schon fabrikmäßig zum Gebrauch ausgemünztes Kunstgewerbe sich häuft.

Auch das könnte an fahrende Gesellen mahnen, die überallhin gleichmäßig ihre besondere Tradition übertrugen, wenn bisweilen die erhaltenen Knochen der gerade dort gejagten Tiere nicht zu den Bildern stimmen wollen — also z. B. der Zeichner die ihm geläufigen Mammute noch verewigt hat, wo gar keine vorkamen.

Im übrigen ist aber auch nicht wahr, daß diese französisch-nordspanische Kunst in sich keinerlei Entwicklung gehabt hätte.

Der Abbe Breuil, der fast fein ganzes Leben mit einer rührenden Liebe in den Dienst dieser uralten Dinge gestellt, hat sich seit Jahren bemüht, Linien solcher Innenentwicklung doch zu fixieren — mit schwankendem Glück, aber unermüdlich neu tastend. Man gewahrt Mammute auf verschiedenen Stufen mit durchaus verschiedener Technik dargestellt. Glaubt die Gravierung sich verfeinern und dann vor der Malerei zurücktreten zu sehen, während diese selbst über Lücken und Krisen schließlich erst zu ihrem vollen buntfarbigen Endausdruck gelangt. Auf der letzten Stufe machen sich aber, scheint es, auch bereits Manier und Konvention mit ihrer beginnenden Erstarrung geltend, wo wäre eine spätere kunstgeschichtliche Periode, die nicht ähnliches zeigte, zumal die Dauer groß erscheint, vieles mag bei dem lückenhaften und ungleichen Stoff hier noch Täuschung sein oder auf fremde Einmischungen gehen, die nicht von innen kamen — alles gewiß nicht.

Hier noch ein Wort auch zu Stilisierung und Ornament als solchen.

Nach dem, was früher über das Rhythmische wohl aller Kunst und Vorkunst gesagt ist, sollte man theoretisch das auch hier schon voraussetzen. Und wenn es in der allein gegebenen bildenden Kunst wirklich so radikal ausschaltete, wie Hoernes oder Verworn glaubten, so müßte man auch dann nicht gleich von „Ur-Naturalismus" reden, sondern zunächst einen besonderen Grund der nachträglichen Wiederausmerzung suchen — etwa in jenem Zauberzweck oder sonst einem nicht rein künstlerischen Nebenzwang.

Inzwischen wissen wir aber, daß die Leute auch ganz ausgezeichnete Ornamente herstellen konnten, wenn sie wollten.

Es gibt solche aus gewissen südfranzösischen Höhlen, die in ihrer Art fast genau so vorzüglich sind wie das naturalistische Tierbild. Und auch diese flotten Spiralen und verwickelten Arabesken, zum Teil wieder in Mammutelfenbein, sind ebenso unzweideutig echt, wie das andere Material, so stark man sie auch dem guten alten Piette, der sie zuerst fand und abbildete, anzweifeln wollte, Piette, Autor des dicken Quartanten L'art pendant l'Age du Renne mit vielen schönen grundlegenden Tafeln, war kein übermäßig kritischer Kopf, aber er behielt in dem Punkte wie im andern Recht.

Des Weiteren zeigen sich mehr oder minder weitgehende Umgestaltungen, Rhythmisierungen, Stilisierungen echter Naturobjekte (Pflanzen, Tierköpfe) in solches Ornamentale hinein, hübsche Tierhäupter, z. B. Gemsen, werden zunächst einfach identisch in Reihen wiederholt, dann immer mehr auch im einzelnen ausstilisiert, in Arabesken verwandelt, bis endlich das Tier fast unkenntlich nur noch aus einer Art hieroglyphischer Zeichen durchschimmert.

Auch da ist (wie bei heutigen Naturvölkern, die es noch ähnlich machen) wieder viel mit Theorien herumgearbeitet worden. Als wenn allgemein das Naturalistische das Rhythmische nachträglich erst aus sich erzeugte! Als ob auch die verschnörkeltsten Ornamente zuletzt etwa nur Tierhörner wären. Das ist so gesagt natürlich wieder grundsätzlich unmöglich. Um etwas zu rhythmisieren, muß ich zunächst das rhythmische Bedürfnis schon haben. Das kann aber dann sehr eigene Wege auch hier gehen, wie in der Musik. Kann aus solcher „innerer Musik" auch freie Ornamente schaffen. Andererseits wird es aber auch Naturmotive benutzen, gleichsam zur kristallisationsstelle machen, zumal wenn in denen selber bereits aus den früher dargelegten Gründen organische Rhythmik steckt, wie in einem Hirschgeweih oder einem Akanthusblatt. Und wird diese gegebene Natur-Rhythmik dann selbsttätig so lange weiter stilisieren, bis schließlich auch so die reine Formenmusik übrig bleibt und das pure Kunstornament auch von hier erreicht ist.

Auch diese einfachen Dinge sollte man sich doch nicht überflüssig schwer machen. Sollte nicht ein Volk bloß auf ein Stück des ursprünglichen Kunsterlebnisses festnageln wollen, anstatt jeder Kunst ursprünglich auch ihre ganzen Mittel zuzubilligen.

Ein anderes ist es natürlich, ob eine spezielle Kunstrichtung örtlich oder zeitlich aus irgendwelchen Gründen mehr die Realistik oder diese innere Musik in ihrem Kunstbild pflegen will. In gleicher Zeit können hier parallele Kunstvölker doch sehr verschiedene Wege gehen, und es kann auch eines das andere nachträglich beeinflussen.

Man hat Anzeichen, daß zur gleichen Epoche, da in Westeuropa das naturgetreue Eierbild so feste diluviale Mode war, weit im Osten mehr das Ornament blühte. Immerhin blühte es doch parallel, wieder ein Beweis, daß es selber auch damals schon je nach Wunsch da war.

Die Idee ist dann ausgesprochen worden, es sei schon im Solutreen durch eine diluviale Wanderung einmal solcher Osteinfluß mit seiner Ornamentliebe vorübergehend auch nach Westen getrieben worden, der sich dann im folgenden Magdalenien aber wieder verloren hätte. Und ebenso soll sich in der unverkennbaren Stilisierung der letzten nordspanischen Höhlenmalerei ein anderer Fremdeinfluß merkbar gemacht haben, der allmählich die ganze Westkunst überhaupt überflutet, die alte Kunst dort endgültig zu Fall gebracht und im Ausklang der Diluvialzeit für ganz Europa eine Hochflut übersteigerter Ornamentkunst heraufgeführt hätte.

Doch dazu ist jetzt noch ein Letztes von dieser wunderbaren Diluvialkunst selbst zu erzählen, das auch die neueren Jahre, wie es scheint, immer reinlicher herausgearbeitet haben und das nun vollends jenen ersten Theorien den Hals bricht.

Nachdem nämlich all jene mehr oder weniger kühnen Ideen sich wesentlich nur auf die geschlossene französisch-nordspanische Kunst (mit ihren doch in der Hauptsache noch gleichartigen östlichen Ausläufen) versteift hatten; nachdem sie in ihr einfach „die" Kunst der Eiszeit gesehen hatten, auf der sich jedwede Spekulation über Eigenart einer menschlichen Ur- und Anfangskunst aufbauen müsse — ist jetzt zum Schluß am Mittelmeer noch eine ganze zweite Diluvialkunst entdeckt worden, die, selber ebenfalls eine hohe und geschlossene Kunst, doch in der gleichen Zeit auch im Eier- und Menschenbild bereits völlig andere Wege einschlug.

Ich erinnere noch einmal an die sechs diluvialen Kulturperioden, wie sie zuerst in Frankreich deutlich wurden. Drei (Chelleen, Acheuleen, Mousterien) Stufen der Neandertaler, drei höhere, zu der jene Schnitz- und Malkünstler dort gehörten: Aurignacien, Solutreen, Magdalenien. (Ob das Schema selbst noch zu vertiefen wäre, wie neuerlich Häuser vertritt, lasse ich hier für meinen Zweck beiseite.) Es hat sich nun herausgestellt, daß die drei Alt-Stufen mit ihrer typisch altertümlichen Steintechnik auch durch das ganze Mittelmeergebiet bis drüben an die afrikanische wüste und fern nach Ägypten und Syrien gehen. Und auf sie folgt in diesem Kiesengebiet dann auch eine etwas höhere Kultur, zeitlich parallel dem Aurignacien, Solutreen und Magdalenien, doch nicht identisch, sondern offenbar einen eigenen Nebenweg jetzt einschlagend.

Man hat also für diese einheitliche Oberstufe dort einen neuen Sondernamen einführen müssen, wobei die tunesische Oasenstadt Gaffa, einst in der Jugurtha-Zeit Capsa geheißen, Pate stand.

  Von Capsa abgeleitet also das Capsien.

Darin ein Alt-Capsien zeitlich entsprechend dem französisch-nordspanischen Aurignacien. Und ein Jung-Capsien zeitlich parallel bis zum Ende des Magdalenien dort.

Es schien nun zunächst befremdend, daß dieses doch so kolossal ausgedehnte Capsien keinerlei Kunst zeigen wollte. Dann aber kam die Überraschung auch hier.

Im Westmittelmeer reichte auch das Capsien selbst noch bis nach Spanien als Schlußstation. Also ganz verdächtig nahe an die Kunstzone dort des Aurignacien und Magdalenien heran — um so näher, als diese sich nicht rein auf Nordwestspanien einschränkte, sondern einen Ableger auch ganz im spanischen Süden besaß.

Tatsächlich besetzte das spanische Capsien seiner Mittelmeerorientierung entsprechend wesentlich die Ostküste. Also etwa von Tarragona rund bis Granada. Und dort nun die verblüffende Neuheit.

Auch die Capsienleute hatten wirklich Kunst getrieben und sich mindestens hier auch mit ihr verewigt.

Wohlverstanden noch einmal: Kunst jetzt zeitlich ebenfalls genau parallel zu der der Aurignacien- und Magdalenienkünstler drüben.

Aber es ist eine zwar auch in ihrer Art hohe, doch im Wesen durchaus verschiedene Kunst.

Diluvialkunst gleichsam aus einem ganz anderen künstlerischen Sehwinkel als bei denen dort drüben, dabei zunächst keineswegs bloß auf den Gegensatz: hie Naturalismus, hie Ornament. Sondern auch in ihrer Weise mit einem gewissen Anlauf Naturalismus, aber völlig anders gewandt. Eben mit dem Wort: aus einem radikal anderen künstlerischen Augenwinkel.

Der erste Fleck, wo dieses neue Wunder sich andeutete, war Alpera, etwas landeinwärts in der Provinz Albacete. Danach hat man diese ganze verblüffende Zweit-Kunst die Alperakunst genannt.

Da die andere drüben in Nordspanien in der pompösen Bilderhöhle von Altamira gipfelt, stellt man sie wohl dieser Alperakunst einfach als Altamirakunst gegenüber, gute Namen, aber beide wohlverstanden noch diluvial.

Auch Alpera lieferte gleich vier Felsnischen mit Malerei, halb offene Felsnischen, denn diese Ostleute malten statt in höhlen mehr frei und außen an, wobei, wie man sich denken kann, in der Folge immer viel zerstört worden ist — Capsienkunst heute noch zu bekommen, wird also stets noch etwas schwieriger und unwahrscheinlicher sein als Altamirakunst. In Ostspanien gehen solche Nischen aber jetzt doch noch durch das ganze Gebiet aller Provinzen herunter und hinauf. Meist mehrere, einmal gleich fünfzehn, beisammen.

Malerei aber ist offenbar schon allgemein Trumpf, sobald der Vorhang aufgeht. Gravierung findet sich nur sehr ausnahmsweise,' das meiste einfach mit roten Ockerfarben gegeben, selten schwarz oder gelb, noch seltener weiß. Und zwar die Figuren (um solche handelt es sich zunächst auch hier durchweg) fast rein silhouettenhaft ausgefüllt und nur auf Umrißwirkung zugeschnitten — eine Teufels- und Hexenwelt sozusagen, die wie im Schattenspiel über den Fels geistert.

Die Einzelfiguren klein, oft sehr klein, als hätten Leutchen mit einem kleineren Sehmaß gearbeitet. Aber was für eine wunderbare Welt!

Da ist diesmal keine Rede von jener mit unendlicher Liebe durchgearbeiteten Einzelnaturtreue der Altamirakunst. Dafür aber eine ganz andere, ebenso packende Naturtreue der bewegten Gruppen-Handlung.

Menschen, Massen von Menschen aufdringlich diesmal im Vordergrund, die gespenstischen Schattenrisse aber alle in temperamentvollster Aktion. Nicht immer, aber doch geradezu herrschend diesmal eben das Gruppenbild. Was wir in Altamira nur gleichsam in Einzelstücke gesondert erhielten, hier wirklich als die Komposition der fortlaufenden Lebenshandlung.

Wir sehen als solchen Silhouettentanz ohne Hintergrund, aber doch aneinanderhängend, die Jagd. Alle möglichen Wildtiere, auch sie nur solche einfachen, aber durchweg wohl erkennbaren Schattenrisse. Dann die Jäger, anstürmend, schießend, in den abenteuerlichsten Stellungen und Verrenkungen der bis in jeden Nerv anspannenden Jagd. Seltsame Männchen. Also so sahen sie aus, mindestens die Capsienleute, wenn sie gegen Wildpferd und Nashorn zogen. Unverkennbar etwas von Indianern.

In der Hauptsache splitterfasernackt, aber fast mit einem eiteln Übermaß zugleich von Schmuck, den auch die Silhouette noch dick herausarbeitet. Ganz indianerhafter Federkopfputz. Gehänge durchbohrter Zähne und Schnecken. Troddeln, Gürtel und Kniebänder. Um die Arme Ringe. Man kann sich denken, daß solch ein nackter Kerl, der wahrscheinlich im Leben auch rot bemalt war, doch stundenlang Toilette machen mochte.

Nun die Hauptwaffe, mit der sie dem Wild zu Leibe gehen. Ausgespart das, was bei den Altamiraleuten niemals klar werden wollte: ob sie schon Bogen und Pfeil besessen hätten. Unsere roten Capsien-Teufel führen durchweg ganz mächtige Bogen. Es sind sogar schon sehr kunstvolle Bogen mit sog. reflexer Einkrümmung beim Gebrauch. Die hakigen Pfeile gefiedert. Auch die Köcher dazu sieht man.

Noch unterhaltender: es tauchen auch Frauen auf. keine Willendorfer Fettmassen, aber doch auch sie recht seltsam. Oben in manchen Fällen nackt mit langen Brüsten, unten mit kurzen, beinahe modern flotten Röckchen. Hauben tragen sie oder (ich sehe nicht genau) auch schon Bubiköpfe. Andere auch höher hinauf bekleidet, wieder dritte ganz nackt. Auch sie mit mächtigem Halsschmuck und schweren Armreifen, Stehen sie in Gruppen beisammen, so hat man gemeint, sie umtanzen feierlich etwas, etwa ein nacktes Männchen. Doch bleibt das unklar.

Eine Merkwürdigkeit, die Erklärung heischt, hält auch hier zäh durch: daß man nämlich offenbar auch in der Silhouette, wo es doch nahe läge, keinerlei Gesichtsprofile gibt. Als wenn selbst bei dieser Massenmenschlichkeit, die uns sonst nichts schenkt, was ein Schattenriß auch nur eben noch markieren kann, das Antlitz durchaus nicht nachgeahmt werden dürfe. Magischer Sinn auch darin? Auch hier?

Oder liegt es auch schon an dem (man hat kein besser passendes Wort) unzweifelhaft diesmal mehr expressionistischen Kunststil, der überall herrscht, bald vereinfacht, bald im Umriß übertreibt, die menschliche Körperform bis zum humoristischen (doch stets aus voll beherrschtem zielgerechtem Stilprinzip) reckt, verbiegt — über alle zum Ausdruck minderwertigen Einzelheiten wegzeichnet, Leib und Glieder schließlich bloß noch als Nerv, als Gedankenlinie faßt, um das Menschenmögliche an Bewegung, Handlung herauszupeitschen.

Man glaubt auch dabei Stufen, Schulen, immer extremere Künstlerkühnheiten zu verfolgen.

Einmal ist das Teufelchen noch annähernd auch hier naturalistisch treu, wie es mit seinem Bogen weit spreizbeinig anstürmt, ein Meisterstück sicher in der Silhouettenschneiderei aller Zeiten. Dann kommen aber im „expressionistischen" Verfolg über schönen Beinen die Leiber ganz schlangenhaft ausgereckt, mit winzigen Affenköpfchen daran, wiederum in anderem Akrobatenexzeß ein feiner Oberkörper über unheimlich dick aufgeschwollenen Beinen. Und endlich die Silhouetten überhaupt fast nur noch linear wie die Schneiderspinnen, ebenso ganz Nerv, womit sich dann allerdings auch ein Umschwung zu einer gleich zu erörternden Schlußwendung dieser Kunst anbahnt.

Die Jagdtiere geben zoologisch, was von diesem Ostspanien wohl ungefähr zu erwarten war. Die klimatischen Verhältnisse Spaniens entsprachen nach Obermaier auch in der Eiszeit am Nordrand etwa denen des heutigen Schottland, im Innern Polen, im Süden dem jetzigen Südfrankreich. Mammut und Renntier sind wohl nicht mehr bis in diese Alpera-Gegend gelangt. So sehen wir den gewöhnlichen Hirsch, den Ur, das Wildpferd, Gemse und Steinbock, die damals noch unten bis an die Küste streiften, typisch diluvial aber doch das Nashorn und den Wildesel, vielleicht den Bison.

Es fällt schwer, diese Kunst bloß zu beschreiben, man muß die Bilder sehen. Aber schon das erstbeste zeigt, daß man in einer himmelweit anderen Kunstwelt ist, als so nahe drüben in Altamira, doch auch in unbedingt hoher, bis zu weitem Ziel ausgelebter Kunst.

Stärker noch als drüben hat man sogar den Eindruck einer im letzteren Sinne bereits „ausgeschriebenen" Kunstepoche. Nicht eigentlich Verfall, aber Übersteigerung. Eine Endkunst von offenbar sehr langer Vergangenheit, hochgradig vergeistigt geworden mit ihrem Silhouettenspuk, der alle Form in Bewegung auflöst, bis er etwas von Fieberspuk bekommt.

Man hat sich diesmal besonders stark an die bekannte heutige Buschmannkunst gemahnt gefühlt, die in ihrem Winkel eines auch untergehenden rätselhaften Volkes gewisse zugleich realistischen und dämonischen Züge unbedingt teilt, vielleicht ist es doch nicht bloß ein Zufall, daß diese Capsienkultur räumlich auch an den uralten Geheimnisboden Afrikas rührte. Man hat bei den kleinen Männchen und auch einigen Zügen in der späteren Werkzeugtechnik des Capsien selbst gelegentlich schon direkt an eine „pygmäoide", an die afrikanischen Zwergrassen anknüpfende Unterschicht in dieser diluvialen Mittelmeerkultur gedacht, doch sind das einstweilen nur lose Vermutungen.

Am heutigen algerischen Sahararand sind Frobenius und Obermaier eben dabei, auch wundersame Felsbilder zu deuten, von denen allerdings noch nicht sicher ist, wie alt sie sind, und die vorläufig keine echte Alperakunst, sondern eher wieder Naturalismus zeigen würden. Ein monumentales deutsches Prachtwerk „Hadschra Maktuba" gibt das Material. Auch das ist noch unklarer Boden, wenn auch hochinteressanter.

Bleiben wir aber bei der Kunst und zweifellosen echten Diluvial-Kunst in diesen unseren Alperaleuten selbst. So ist das doch in jedem Betracht ein ungeheurer Fund.

Also jene diluvialen Südfranzosen und Altamiraleute waren gar nicht „der" Anfang.

Sie hatten glänzende Künstler, waren eben schon ein starkes Kunstvolk. Aber sie hatten nahe neben sich (und wohl noch über ein sehr viel größeres Landgebiet schon damals hinaus) eine andere Kunst, auch Lebensmalerei und gute, nur völlig andere, nicht naturalistische, sondern „expressionistische", extrem auf reinen handlungsausdruck, Gruppenbild, von Anfang an Malerei, flotteste Menschendarstellung — was bedarf es noch der Worte.

Nur der Schluß dieser Alperakunst, den wir wenigstens in Spanien selbst auch noch sehr gut übersehen, muß noch fesseln, da er zugleich in die Ornamentfrage überleitet und noch einmal sehr hübsch Hoernes' schiefe Idee beleuchtet, alle Diluvialkunst sei mit Ende der Eiszeit ohne innere Wandlung ins „Nichts" verpufft, wie sie unbegreiflich dem „Nichts" entstiegen.

Ein solcher schließlich reiner „Nervenstil", wie der auf der Höhe von Alpera, wird immer eine Tendenz haben, jenseits dieser Höhe in sein Gegenteil umzuschlagen. Nämlich zu erstarren in eine Art Zeichenschrift mit abstraktem Schematismus, in dem gerade das extravagante Leben wieder erstickt. Seine Figuren werden sozusagen Noten.

Ganz deutlich sehen wir die ostspanischen Felsmalereien nach einer (zeitlich vielleicht auch sehr bedeutenden) weile ungebändigter Kraft diesen weg wirklich einschlagen.

Die Menschen, und Tiersilhouetten werden mehr und mehr ganz regelmäßig, geometrisch, arabeskenhaft. Der Engländer Wells hat in einem seiner besten Romane einmal vierbeinige Menschenameisen auf dem Mond geschildert — so fangen die kleinen roten Indianerchen zuerst auch an auszusehen, dann zehren sie ganz zu einer Art chinesischer Teebuchstaben ab. Zugleich empfindet man aber die offenbar wachsende Freude der Leute an diesem so entstehenden rein symmetrischen Ornament als Kunstausdruck wieder selbst. Alle Sorten auch reiner Ornamentsaat: Wellenbänder, Kreise, Sterne, drängen sich dazwischen. Noch immer werden Felswände benutzt, oft die gleichen Nischen von früher, indem wie bei Palimpfest-Handschriften die verschlissene Kunst über die noch echte alte weggeführt wird, Beweis, daß sie stets die jüngere ist.

Auf dieser schematichen Stufe scheint die ostspanische Kunst dann wieder lange geblieben zu sein, sich nur räumlich immer tiefer in die ganze Halbinsel verbreitend. Über ein Spät-Capsien, das schon nicht mehr diluvial war, fort durch die ganze jüngere (neolithische) spanische Steinzeit bis in die Kupferzeit, schätzungsweise zuletzt bis gegen 2000 v. Chr., womit bereits die engere historische Zeit weit überschritten war.

Es gibt aber Vermutungen, daß sie mit dem Diluvialausgang selber noch über Spanien hinaus allgemein nach Norden gegriffen.

habe. Es wäre immerhin merkwürdig, wenn die beiden Kunstlinien Altamira und Alpera, so nahe geographisch beieinander, sich nicht schon vorher und in ihrer Blüte gelegentlich berührt hätten. Man hat sich gedacht, der Übergang zur Farbe drüben sei tatsächlich bereits von hier, wo man offenbar längst malte, angeregt worden. Und noch wieder hätte das merkbare Stilisieren des gemalten naturalistischen Bildes drüben von der beginnenden Schematisierung hier Einfluß erfahren. Nur Versuchsblicke das alles einstweilen.

Aber im Ausgang der Diluvialzeit ist es wirklich, als flössen die Kunstrivalen merklich im objektiven Gehalt zusammen — mit Sieg der bereits stark schematichen Kunst. In der gleichen französischen Pyrenäenhöhle, wo einst jener herrliche Pferdekopf liegen geblieben, Mas d'Azil, verrät sich jetzt in schon ersichtlich nachdiluvialer Staffage auch eine beinahe bis zu Hieroglyphen erstarrte Schemakunst (im sog. Azilien). Was war geschehen? waren nicht bloß Kunststile gewandert, sondern ganze Völker ins Rollen gekommen?

Jedenfalls ahnt man, daß überall die Folgezeit in eine stärkere Ornamentwelle gerissen werden konnte, wie sie denn auch die ganze neolithische und frühe Metallzeit bis hoch in den Norden hinauf durchzieht.

Doch ich gehe auf diese Perspektive nicht ein, denn sie hatte mit der Diluvialzeit selbst nichts mehr zu tun, war der Wellenschlag einer neuen geologischen Epoche, wie in der Technik und Wirtschaft, so gewissermaßen auch in der Kunst, der unaufhaltsam bereits auf die engere historische Zeit zuläuft. Ich komme für meine Schilderung zum Schluß.

Ich denke doch, daß ich mit zwei Gedanken schließen darf.

Diese diluviale Kunst, wie wir sie jetzt sehen, ist keine Vor-Kunst mehr.

Keine allgemeine Anfangsstation noch in der menschlichen Kunstwerdung.

Weder die Altamira- noch die Alperakunst kann vom Himmel gefallen sein aus dem „Nichts". Beide waren schon einseitige Gipfel, denen Langes vorausgegangen sein muß.

Mit beiden sind wir bereits mitten in der „Kunstgeschichte" mit all ihren Gegensätzen: Naturalismus, Expressionismus, Ornament , Stil, Aufstieg, Verfall, religiöse und profane Kunst, gegensätzliche Kunstwege parallel zu gleicher Zeit, sich trennend, endlich sich überschneidend.

Wir sehen darin auf ein Kunstvolk, vielleicht ein relativ kleines im Winkel, das es im Tierbild erstaunlich weit bringt.

Auf ein anderes, dem der rücksichtslose Ausdruck belebter Handlung fast bis zum Übermaß in seiner bildenden Kunst glückt.

In einer verborgeneren Linie blüht auch das reine Ornament schon, das sich für eine ganze Ära dann wieder durchsetzt.

Völker wechseln schon damals, und mit ihnen Kunststil und Kunstbegabung.

Fremde Gewalten des übrigen menschlichen Seelenlebens mögen zeitweise in die reine Kunstübung eingreifen, sie tyrannisieren und retardieren.

Auf eine ungeheure zeitweise Anspannung mag eine Art Lähmung zunächst wieder gefolgt sein, bis der Genius erneut irgendwo durchbrach, ohne daß der Faden wohl je ganz gerissen wäre.

Das alles doch Erscheinungen genau wie in aller späteren hell für uns beleuchteten Kunst.

Auch da sehen wir etwa die Dichtung plötzlich schon solchen Gipfel erreichen, wie in den homerischen Epen, um dann wieder scheinbar zu pausieren bis auf die großen griechischen Tragiker und wieder, noch viel länger, bis zu Dante. Auch die bildende Kunst des klassisch-griechischen Zeitalters oder der Renaissance auf ihren hohen ergreifen bisweilen wie ein Wunder, das wir vergebens rein aus der Wirtschaft und Technik ihrer Tage zu verstehen suchen. Und doch wissen wir, wenn wir von den letzten Geheimnissen des inneren künstlerischen Erlebnisses, die immer bleiben, absehen, daß es sich hier um kein Wunder gehandelt hat, sondern nur um die ewige Ungleichheit, um das ewige Wechsel- und Gegenspiel des Individuellen, das auch in Völkern und Zeiten das unersetzliche Ferment aller Entwicklung und des Gesamtfortschrittes bildet.

Es ist gewiß ein bestrickendes Bild, das sich uns dazu selbst noch aus der Welt der Mammute enthüllt; aber es ist nicht mehr die „Abstammung der Kunst", auch nicht auf der Station Mensch.

Ob wir je an deren engeres Geheimnis rühren werden? Ich will keine Hoernesschen Prophezeiungen wagen; aber noch haben wir dieses Geheimnis rückwärts nicht weidgerecht gestellt, auch bei den Mammutjägern nicht.

Aber noch ein Gedanke drängt sich auf, einlenkend wieder zu dem ganz im Anfang Gesagten.

Was für eine ungeheure Bedeutung muß diese Kunst von

Beginn an auch für den Menschen gehabt haben! Wenn er auf einer technischen Stufe von solcher Unvollkommenheit, wie sie die Waffen und Werkzeuge und der ganze Kulturbesitz nach der Seite der Nützlichkeit damals noch verraten, doch bereits so hoch in allen Kräften und Problemen der bildenden Kunst gekommen war.

Der erste Mensch, möchte man sagen, muß nicht nur bereits ein erster Menschenkünstler gewesen sein.

Sondern in ihm muß auch diese Kunst selber ein Erstes gewesen sein — der leuchtendste Stern vielleicht über der Krippe, in der er lag.

Ja, wer uns auch in dieses Geheimnis einmal schauen ließe ...

Sachregister

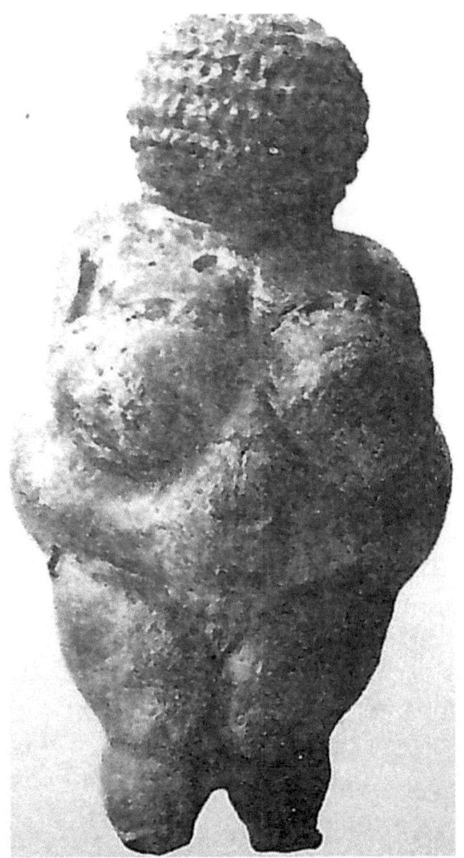

Sog. „Venus" von Willendorf
Diluviale Schnitzerei

(Nach einer Photographie des Museums für Völkerkunde in Berlin)

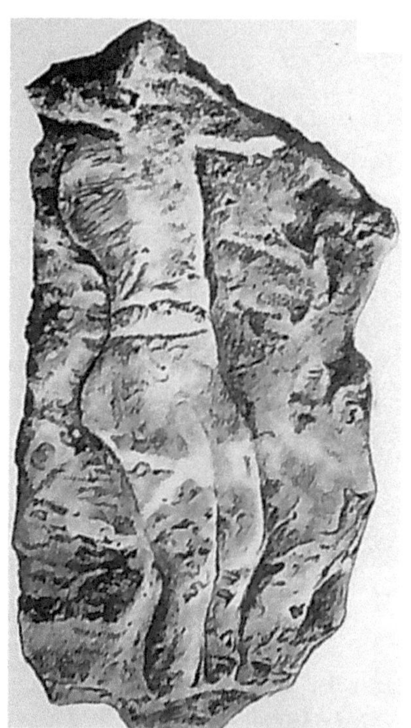

Diluviales Relief eines schlanken
Jünglings von Laussel (Nack) Lalanne)

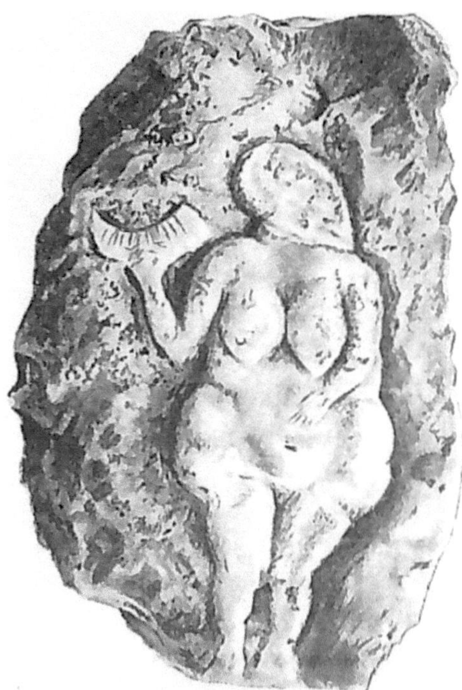

Diluviales Relief einer Frau von
Lausse!
(Nach Lalanne)

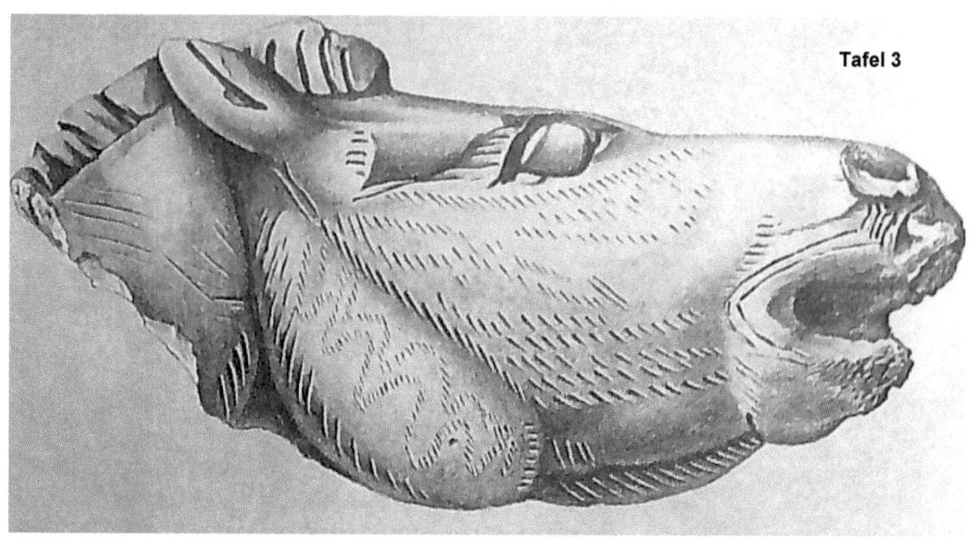

Pferdekopf. Diluviale Schnitzerei von Mas d'Azil
(Nach Piette)

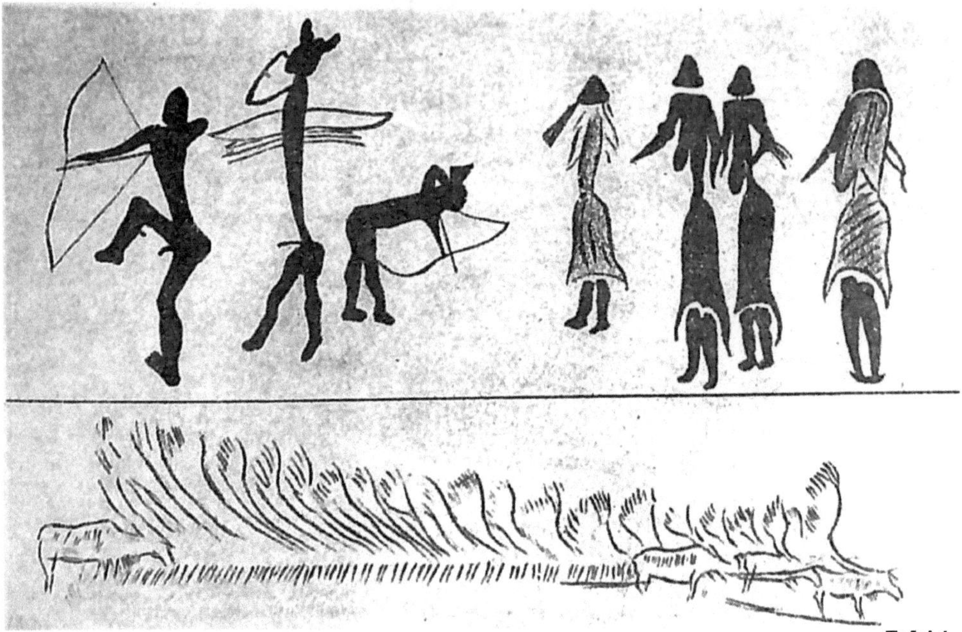

Tafel 4

Oben: Diluviale Alpera-Kunst: Bogenschützen von Alpera und Frauengestalten von Cogul. (Nach Breuil und
Cabré) darunter: Renntiergruppe, diluviale Gravierung aus der Dordogne. (Nach Breuil)
Unten: Sog. „Zauberer". Diluviale Tiermaske von Trois Frères
(Nach M. C. Burkitt und Hoernes-Menghin)

Tafel 5

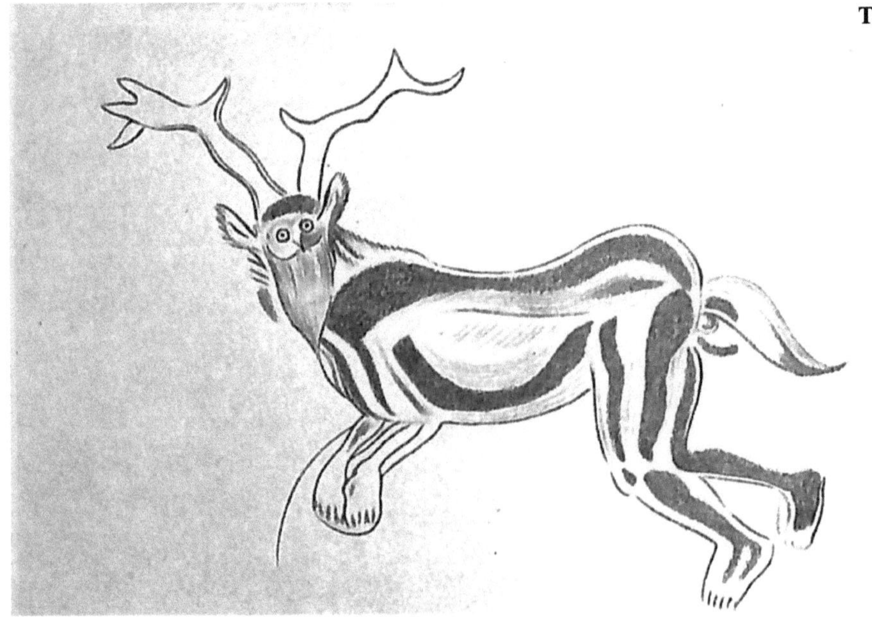

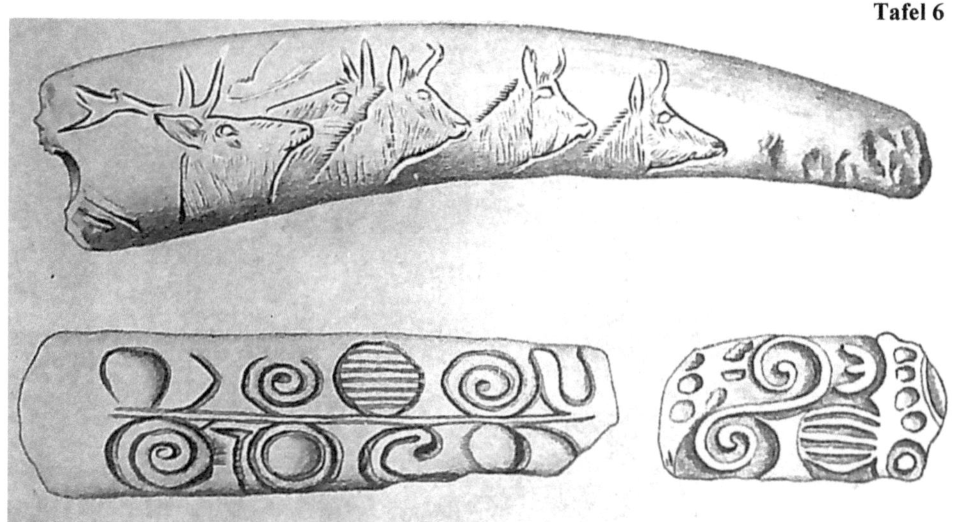

Diluviale Tierköpfe (Gemsen) und Ornamente aus französischen
Höhlen . (Nach Plette)

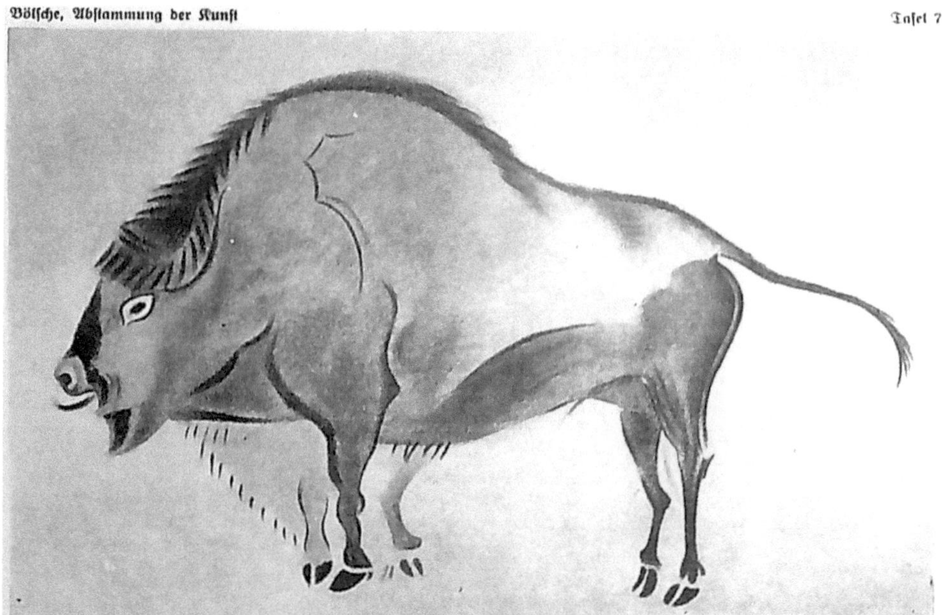

Diluviale Bisonfigur aus der Höhle von Altamira (Nach Cartailhac und Breuil)

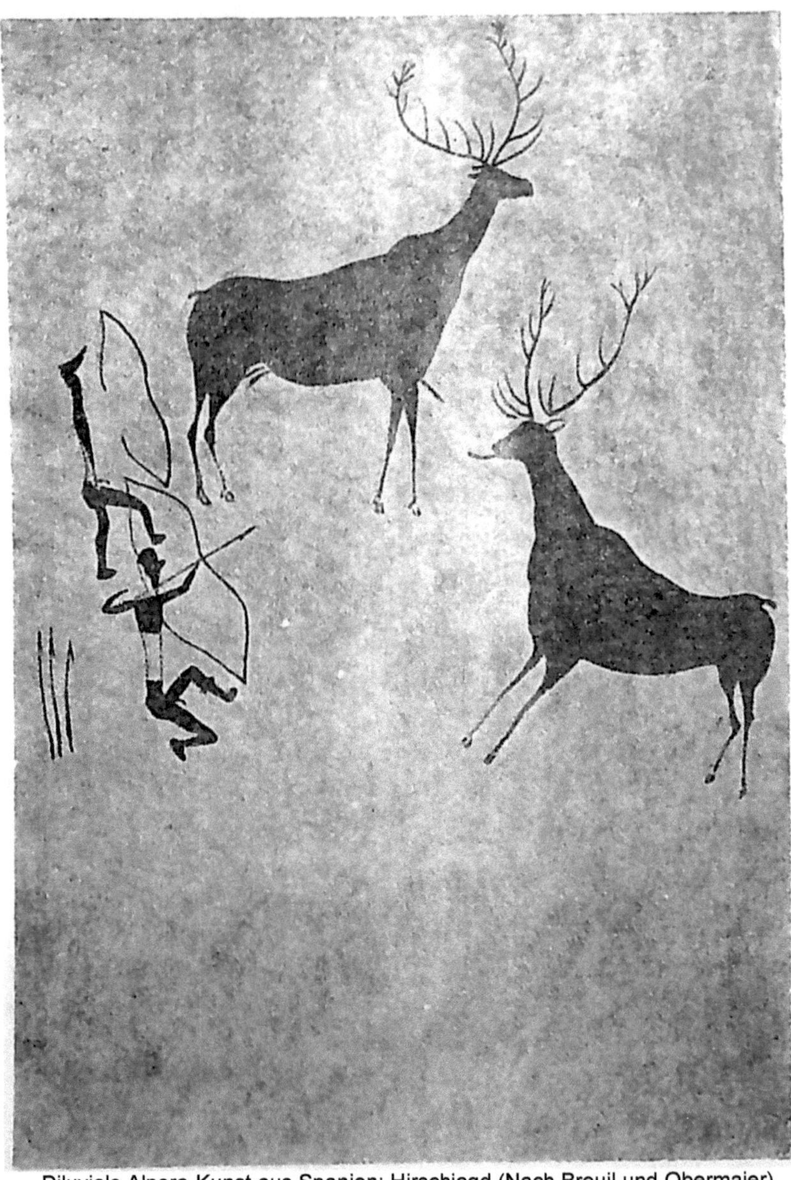

Diluviale Alpera-Kunst aus Spanien: Hirschjagd (Nach Breuil und Obermaier)

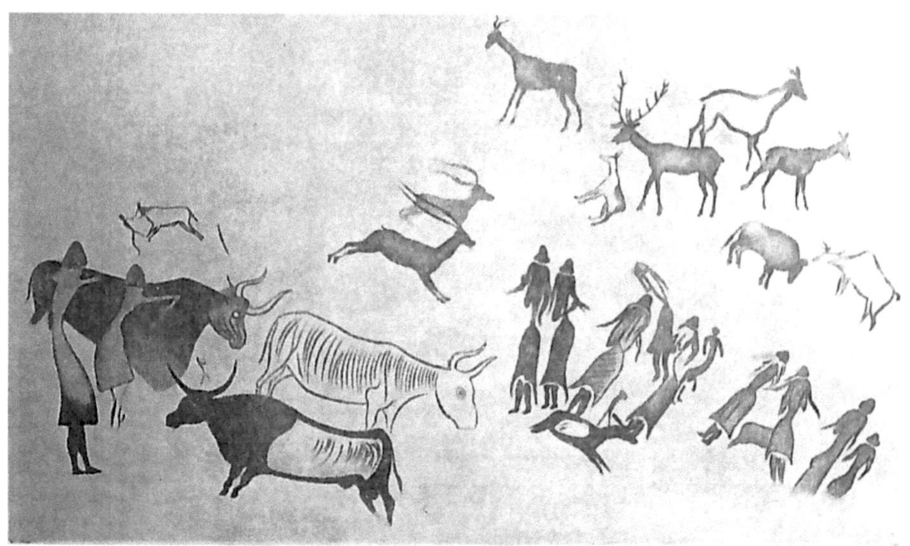

Diluviale Alpera-Kunst: Schwarze und rote Fresken (Nach Breuil)

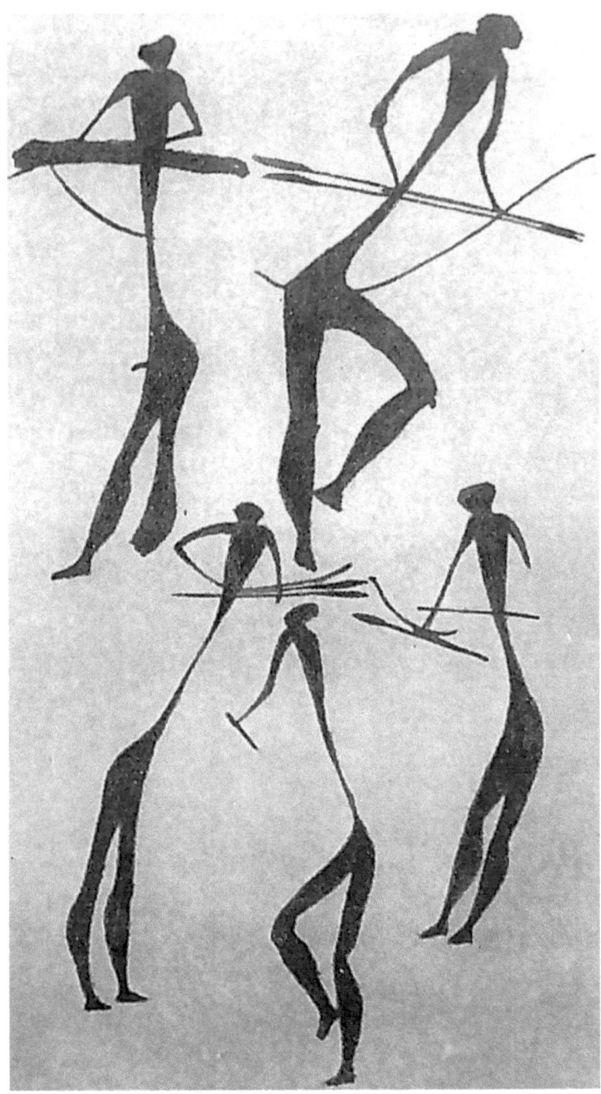

Expressionistische Typen aus der ostspanischcn
Felsenkunst I (Nach Obennaier)

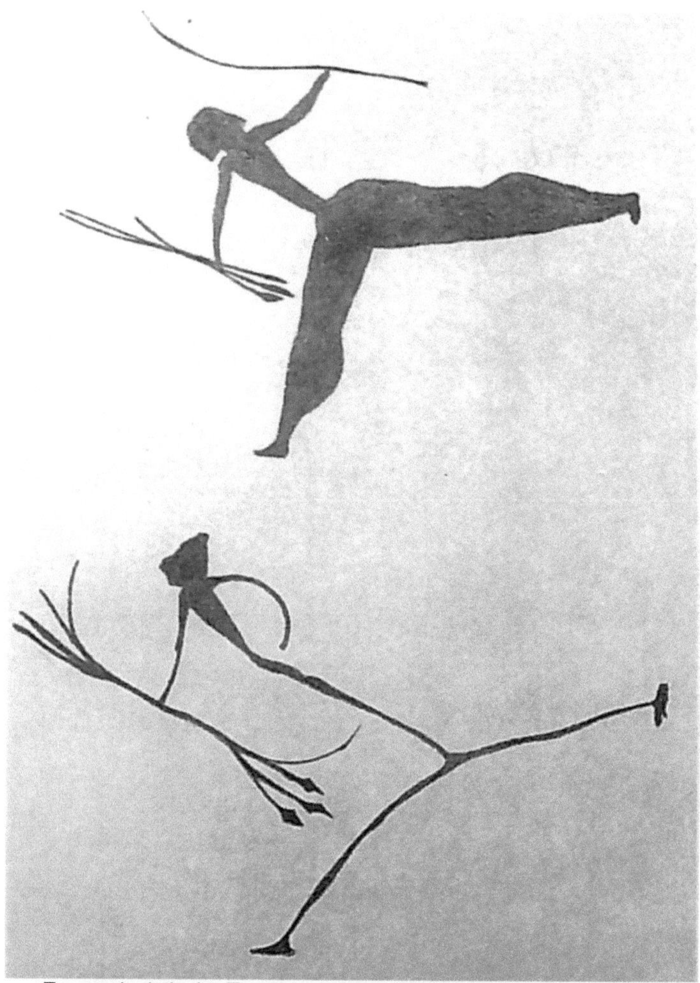

Expressionistische Typen aus der ostspanischen Felsenkunst II
(Nach Obermaier)

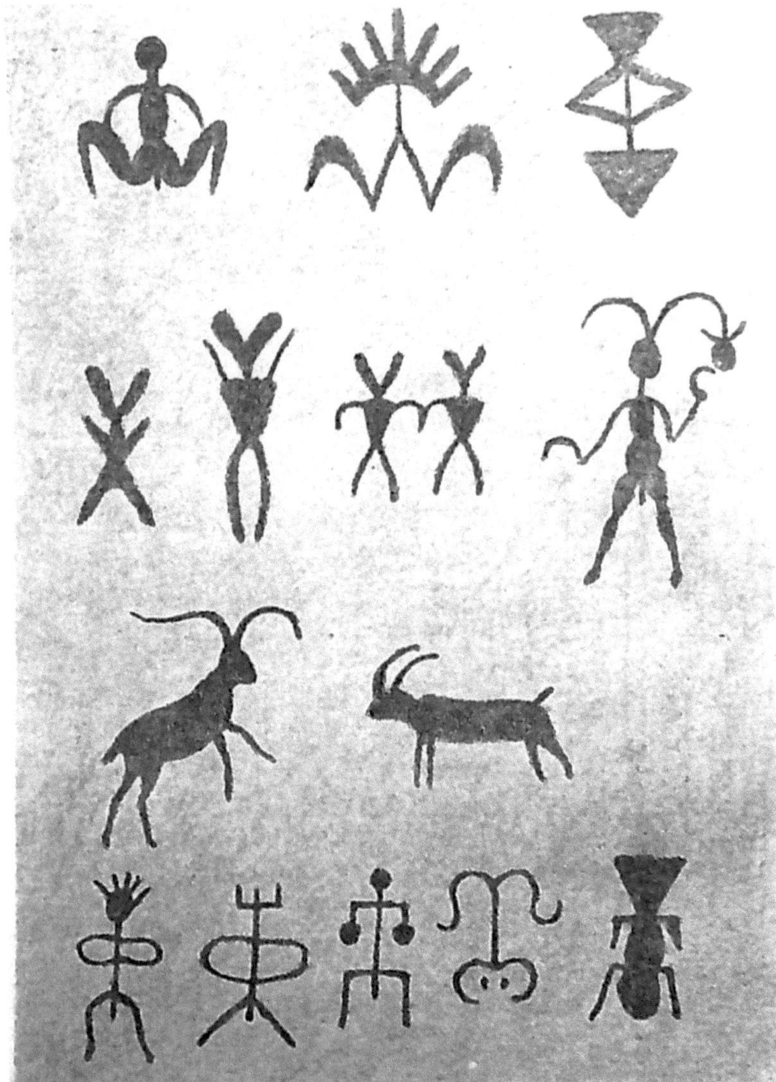

Südspanische rote Felsenbildeer mit stark stilisierten Figuren (Nach Breuil)

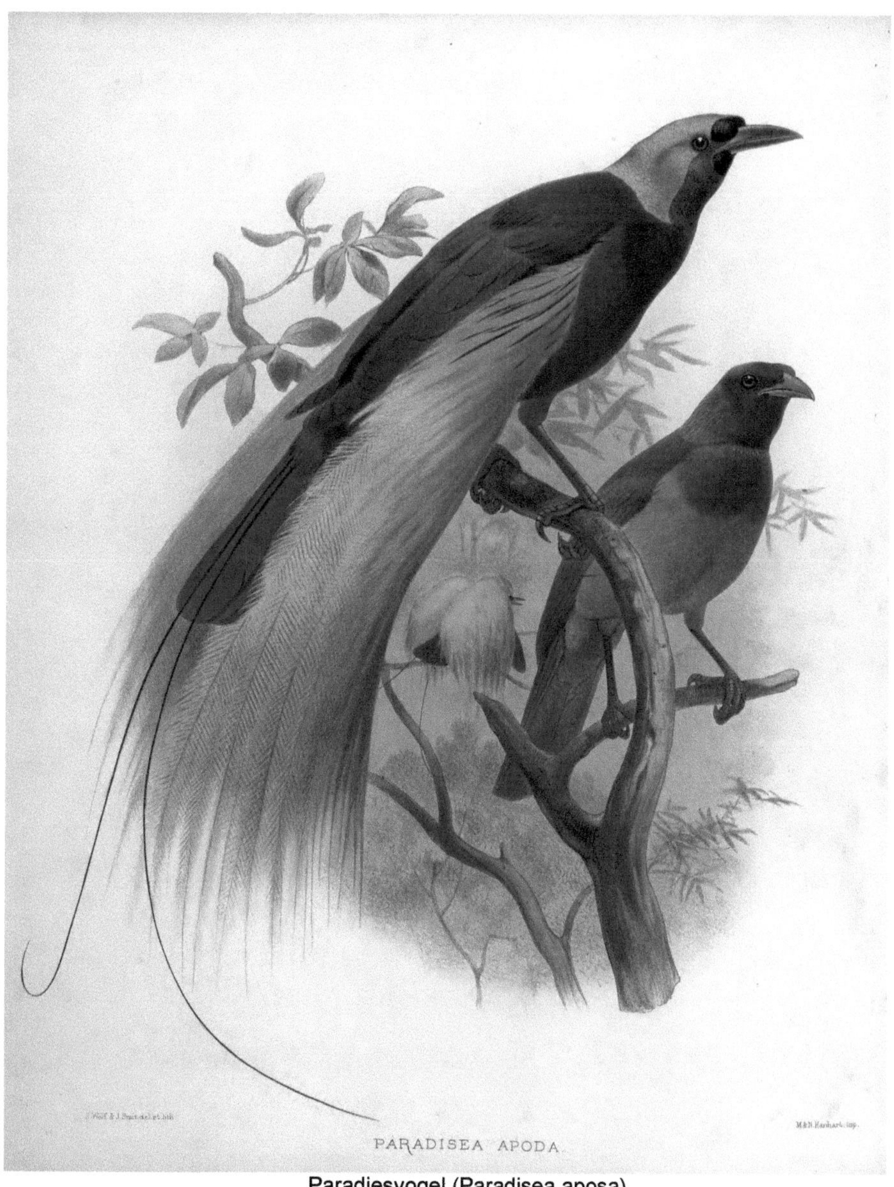

Paradiesvogel (Paradisea aposa)

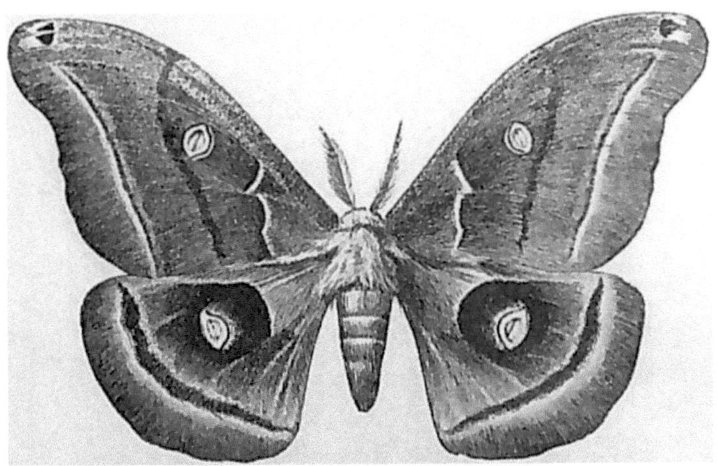

Der Schmetterling Telea polyphemus als Beispiel ornamentaler
Naturgestaltung

BUCHTIPPS

Abenteuerliche Biografie einer außergewöhnlichen Frau

Mary Seacole, Heroine des Krimkriegs. Autor: Seacole, Mary. In der Hoffnung, bei Ausbruch des Krimkriegs bei der Pflege der Verwundeten helfen zu können, beantragte die in Jamaika geborene Kreolin Mary Seacole beim ...

Abrupte Klimaschwankungen seit 2000 Jahren

Lokale und kosmische Ursachen eines Klimawandels. Herausgeber: Sedlacek, Klaus-Dieter (Hrsg.). Innerhalb der letzten zwei Jahrtausende sind verschiedene abrupte Klimaschwankungen nachweisbar. Der fortwährende Wandel des Klimas verzeichnete allein fünf große Klimaepochen und zahlreiche ...

Ägypten zur Zeit der Pyramidenbauer

Mit 16 Abbildungen im Text und 17 Bildtafeln. Autor: Eduard Meyer , Klaus-Dieter Sedlacek (Hrsg.). Bei keinem Volk der Erde reichen die Denkmäler einer höheren Kultur in so frühe Zeiten hinauf ...

Allgemeine moderne Psychologie

Systematische Einführung in die Wissenschaft psychischer Prozesse. Autor: Messer, August. Man hat mit Recht drei Hauptwurzeln der Psychologie unterschieden: die praktische Menschenkenntnis, den religiösen Seelenglauben und die biologische Lebenserklärung. Psychologie als praktische Menschenkenntnis ...

Alltagsleben im antiken Rom

Ungekürzte Textausgabe der Sittengeschichte Roms Band 1, 2 und 3. Autor: Friedlaender, Ludwig. Die Textfassung dieser Ausgabe beruht auf der von Georg Wissowa besorgten 10. Auflage, die unter dem Titel » Darstellungen ...

Anleitung zum Roman-Schreiben

Wie man anfängt, einen Plot entwickelt und eine gute Geschichte erzählt. Autor: Wilde, Oliver J. Sie wollen einen Roman schreiben? Das ist toll! Aber begnügen Sie sich nicht damit, nur einen Roman ...

Äquivalenz von Information und Energie

Die Grundbausteine der Welt – Neuausgabe – Autor: Sedlacek, Klaus-Dieter. „Es stellt sich letztendlich heraus, dass Information ein wesentlicher Grundbaustein der Welt ist", versicherte der durch sein Quantenteleportationsexperiment bekannte Prof. Zeilinger in ...

Archimedes in Alexandrien

Historische Erzählung. Autor: Colerus, Egmont. Die historische Erzählung handelt davon, wie vor 2200 Jahren der geniale Mathematiker und Mechaniker Archimedes die nach ihm benannte Spirale erfand. Eine ägyptische Muse, zu der er ...

Atemtechnik und -Wissenschaft der Hindi-Yogi

Handbuch der fernöstlichen Atmungsphilosophie einschließlich der spirituellen Entwicklung. Autor: Ramacharaka, Yogi. Viele Autoren haben sich mit den Yogi-Lehren befasst, aber es gibt nur wenige wie der Autor dieses Buchs, die dem westlichen ...

Atlantis

Eine unterhaltsame Einführung in die griechische Mythologie. Autor*innen: Hoernes, Moriz. Die Geschichte beginnt im Mai 1870, als die Regierung eine kleine Expedition zur Erforschung der Insel Anthusa im Ägäischen Meer entsendete. Der ...

Auf den Inseln des ewigen Frühlings

Über die wechselreiche Geschichte Hawaiis. Autor: Berger, Arthur. Auszug aus der Einleitung: Heute liegen uns die glücklichen Inseln nicht mehr allzu fern. Dennoch gibt es nicht sehr viele Deutsche, die sich drüben ...

Auf kühnem Flug zum Mars

Eine kosmische Erzählung. Autor: Valier, Max. MAX VALIER war nicht nur einer der bedeutendsten deutschen Raketenexperimentatoren und -enthusiasten, sondern auch der erste Mensch, der sein Leben der Raketentechnik widmete. Sein Tod im ...

Besseres Gedächtnis

Wie man es stärkt, trainiert und einsetzt. Autor: Atkinson, Wilhelm Walker. Viele Menschen scheinen zu glauben, dass Erinnerungen einfach kommen und nicht gefördert werden können. Aber der Trugschluss einer solchen Vorstellung wird ...

Bewusstsein und Unsterblichkeit

Sechs Vorträge. Autor: Schleich, Carl Ludwig. Schleich gibt in diesem Werk als Erster eine physiologische Darstellung der Vorgänge, welche zu einem Ichgefühl führen. Ihm steht als erfahrener Mediziner das Experiment der Narkose ...

Bleib beweglich und fit ohne Geräte!

Leichte Zimmergymnastik für jedes Alter – mit 45 neuen Fotos. Autor*innen: Schreber, Moritz. Dieses Buch hilft die für die Körperausbildung, Erhaltung der Gesundheit und Beweglichkeit bis ins hohe Alter anerkannt wichtige individualisierte ...

Chronologie der exakten Wissenschaften

4000 Jahre Pionier-Arbeit. Autor: Darmstaedter, Ludwig. Die Chronologie der Exakten Wissenschaften umfasst die Entwicklung der empirischen und systematischen Erforschung der Natur von der Frühgeschichte bis zum Wechsel ins zwanzigste Jahrhundert. Das menschliche Erkennen ...

Das Gesetz im Zufall

und wie der Zufall zu Entdeckungen führt. Autor: Cantor, Moritz. Was ist denn der Zufall? Ist der Eintritt eines Ereignisses Zufall, wenn es genauso gut auch hätte ausbleiben können? Und wenn ein ...

Das individuelle Ich

Über das Selbstbewusstsein. Autor: Lipps, Theodor. Was ist das Wesen meines Selbstbewusstseins und was meine ich, wenn ich „Ich" sage? Was ist der Kern von diesem meinem Ich? Und wie hängt mein ...

Das Konzept des Guten

Untertitel: Sinnliches Empfinden – Der Ursprung unserer Wertvorstellungen. Hrsg.: Sedlacek, Klaus-Dieter (Hrsg.) Das Konzept des Guten wird im sinnlichen Empfinden (sehen, hören, tasten) des Menschen begründet. Der Intellekt ist aber trotzdem ein ...

Das Leben jenseits des Todes

Und die Lehre von der Reinkarnation. Autor: Ramacharaka, Yogi. Das, was wir Tod nennen, ist nur die andere Seite des Lebens. Für entwickelte Esoteriker ist die andere Seite kein unerforschtes Meer, sondern ...

Das Leben von Buddha und seine Lehren

Kompakte Einführung. Autor: Olcott, Henry Steel. Olcotts unermüdlicher Einsatz, seine organisatorischen Fähigkeiten und nicht zuletzt auch seine finanzielle Potenz trugen wesentlich zur Expansion des Buddhismus über die ganze Welt bei. Der Buddhismus ...

Das transzendentale Gesicht der Welt

Der Zusammenhang zwischen Physis und Psyche. Autor: Valier, Max. In dem Buch „Das transzendentale Gesicht der Welt" geht es um eine bisher unbekannte Wellengattung, die psychophysische Welle, welche eine Verbindung der physischen ...

Der Alchemist Leonhard Thurneysser

Die Lebensgeschichte des Goldmachers von Berlin. Autor: Sedlacek, Klaus-Dieter (Hrsg.) . Der im Jahr 1531 geborene Leonhard Thurneysser erlernte als Sohn eines Goldschmieds in Basel die Kunst seines Vaters, übernahm aber bald ...

Der allmächtige Informatiker

Das Mysterium des Universums. Autor: Jeans, Sir James. Die englische Ausgabe dieses Buchs mit dem Originaltitel „The Mysterious Universe" ist als populäres Wissenschaftsbuch des britischen Astrophysikers Sir James Jeans zuerst von ...

Der erdgeschichtliche Klimawandel

Den wahren Ursachen von Klimaschwankungen auf der Spur. Autor: Wilhelm Bölsche , Klaus-Dieter Sedlacek (Hrsg.). Der Klimazustand während der letzten Jahrhunderttausende ist im Wesentlichen auf den Einfluss von Sonneneinstrahlung zurückzuführen, die ...

Der geschichtliche Jesus

Was wissen wir von ihm? Autor: Hertlein, Eduard. Vorwort: Mit der gegenwärtigen Veröffentlichung komme ich einem mehrfach geäußerten Wunsch von Hörern eines Vortrags nach, den ich in Stuttgart gehalten habe. Ich möchte indessen ...

Der Mensch der Vorzeit

Die Geschichte des Menschen im Diluvium – kurz und prägnant. Autor: Bölsche, Wilhelm. Höhlenmalereien und Knochenfunde erinnern uns an eine große wahre Geschichte, die zu den anregendsten Abenteuern unserer modernen Kulturwissenschaft gehört: ...

Der Spiritismus

In Neusatz und aktueller Rechtschreibung. Autor: du Prel, Carl. Der Spiritismus ist ohne Zweifel die paradoxeste aller Wissenschaften und er wird es wohl noch lange bleiben. Das liegt offenbar nur daran, dass ...

Der Stein der Weisen

Geschichte der Chemie. Autor: Ostwald, Wilhelm. Der visionäre Nobelpreisträger Wilhelm Ostwald, der den Übergang zur modernen wissenschaftlichen Chemie mitgestaltete, erzählt die aufregende Entwicklung seines Fachbereichs. Das Buch schließt mit einem Text über ...

Der verborgene Mechanismus des Weltgeschehens

Neue Erkenntnisse über die Gestalten biotechnischer Systeme der Welt. Autor: Francé, Raoul H. Seit Jahrtausenden ist die Menschheit bestrebt, die Welt, in der sie lebt, erkennen und verstehen zu lernen. Die Erfahrung ...

Der Weg zu Wohlstand und Reichtum

Goldene Regeln für den Aufbau einer selbstständigen Existenz. Autor: Barnum, P. T. Der Weg zum Reichtum ist, wie einer der Gründerväter der Vereinigten Staaten sagt, „so klar wie der Weg zur Mühle". ...

Die Eroberung von Mexiko durch Ferdinand Cortes

Mit den eigenhändigen Berichten des Feldherrn an Kaiser Karl V. von 1520 und 1522. Autor: Schurig, Arthur. Die spanische Eroberung Mexikos unter Hernán Cortés in den Jahren von 1519 bis 1521 führte ...

Die ersten Spuren psychischer Erscheinungen

Das psychische Leben von Mikroorganismen – Eine Studie in experimenteller Psychologie. Autor: Binet, Alfred. Es gibt mikroskopisch winzige Lebewesen, die kein Gehirn haben und dennoch so etwas wie ein Gedächtnis. Diesen Lebewesen ...

Die geheimnisvolle Kultur der alten Kelten

Von Druiden, Fürstensitzen und der Lebensart unserer frühgeschichtlichen Vorfahren. Autor: Grupp, Georg Die Kelten zeichneten sich aus durch hohes handwerkliches Können, Handelsbeziehungen bis in den Süden Europas und tollkühnem Mut, der den ...

Die Grenze des Unbekannten

Verbindungen zum Jenseits. Autor: Doyle, Arthur Conan. Doyle beschäftigte sich in seinem letzten Lebensabschnitt intensiv mit dem so genannten „Spiritismus". Die Beiträge in diesem Buch beziehen sich auf dieses Thema, und es ...

Die Grundlagen der Nationalökonomie

Über die lebensnahe soziale Marktwirtschaft. Autor: Eucken, Walter. Der Autor Eucken gilt als Vordenker der Sozialen Marktwirtschaft. Sein wohl wichtigstes Werk Grundlagen der Nationalökonomie veröffentlichte Eucken 1939, in dem er folgende Ansichten ...

Die Höhlenkinder – Trilogie

Bd. 1 Im heimlichen Grund, Bd. 2 Im Pfahlbau, Bd. 3 Im Steinhaus Autor: Sonnleitner, Alois Theodor Die dreiteilige Erzählung beginnt nach dem Dreißigjährigen Krieg. Das Waisenkind Eva lebt bei seiner Großmutter, ...

Die Hypnose und die Hypno-Narkose

Für Medizin-Studierende, Praktische und Fachärzte. Autor: Friedländer, Adolf Albrecht. Die Hypnose ist ein auf künstlichem Weg herbeigeführter Schlafzustand. Einen solchen kann man auch durch Medikamente erzeugen. Gelingt es ohne Medikamente, hat das ...

Die idealistischen Grundwerte unserer Kultur

Wahre Menschlichkeit. Autor: Verweyen, Johannes M. Seit den Tagen des Sokrates, der nach einem aristotelischen Wort „die Philosophie vom Himmel auf die Erde" holte, zieht sich bis in die Gegenwart eine Kette ...

Die Kultur der Azteken

Mit einem Anhang Große Landesausstellung Baden-Württemberg „Azteken" im Lindenmuseum. Autor: Prescott, William. „Von dem ganzen ausgedehnten Reich, das einst die Herrschaft Spaniens in der Neuen Welt anerkannte, ist kein Teil an Wichtigkeit ...

Die Lebensbotschaft

Außergewöhnliche Argumente für das Leben danach. Autor: Doyle, Arthur Conan. In der „neuen Offenbarung" wurde die erste Morgendämmerung des kommenden Wandels beschrieben. In deren Botschaft ist die Sonne höher aufgegangen, und man ...

Die Lebenskraft

Wie Enzyme, Bewusstsein und quantenbiologische Effekte das Leben regulieren. Autoren: Sedlacek, Klaus-Dieter; Wrobel, Norbert. Der Begründer der Quantenmechanik und Nobelpreisträger Erwin Schrödinger beschäftigte sich unter anderem mit der Frage: „Was ist Leben?" ...

Die letzten Ursachen

Das Buch der Naturerkenntnis. Hrsg.: Sedlacek, Klaus-Dieter. Die klassischen physikalischen Theorien, zum Beispiel die klassische Mechanik oder die Elektrodynamik, haben eine klare Interpretation. Den Symbolen der Theorie wie Ort, Geschwindigkeit, Kraft beziehungsweise ...

Die Natur psycho-physikalischer Phänomene

Materialisations-Experimente mit M. Franek-Kluski. Autor*innen: Sedlacek, Klaus-Dieter; Schrenck-Notzing, A. Freiherrn von. Die vorliegende Schrift beschäftigt sich mit speziellen physikalischen Phänomenen, nämlich der durch Versuchspersonen verursachten Materialisation von Objekten. Das tatsächliche Vorkommen dieser ...

Die Psychoanalyse des Organischen

Sechs Vorträge und Aufsätze vom Wegbereiter der Psychosomatik. Autor: Georg Groddeck , Klaus-Dieter Sedlacek (Hrsg.) Den publizistischen Anfang zur Psychosomatik machte Georg Groddeck 1917 mit der Broschüre Psychische Bedingtheit und psychoanalytische ...

Die Transzendenz der Realität

Spuren einer allumfassenden transzendenten Realität jenseits von Raum und Zeit. Autor: Klaus-Dieter Sedlacek. Der Nobelpreisträger Max Planck war einer der Pioniere der Quantenphysik und deshalb nicht verdächtig einem esoterischen Weltbild anzuhängen. Er ...

Die Uhren

Ein Abriß der Geschichte der Zeitmessung. Autor: Kindler, P. Fintan. Die Worte der Genesis: „Es wurde Abend und es wurde Morgen, ein Tag", geben uns einen Fingerzeig über das zuerst angewandte Zeitmaß: ...

Die unbekannte Seele

Alltagsrätsel des Seelenlebens. Autor: Driesch, Hans. Es geht in dem Buch um sehr Grundlegendes. Gewiss wird der Leser auch mit Normalem zu tun haben, sogar mit sehr Alltäglichem. Aber das Normale bietet ...

Die Urzeit der Menschheit

Vom ersten Feuer bis zur Pfahlbauzeit. Autor: Neumann, Carl W. Seit Anbeginn seiner Tage war der Mensch keineswegs der stolze Beherrscher der Natur, als den er sich heute mit Recht betrachtet. Er ...

Die verborgene Ordnung des Weltsystems

Neue Erkenntnisse über die schöpferischen Kräfte der Natur. Autor: Francé, Raoul Heinrich. Wie zeigt sich die verborgene Ordnung des Weltsystems? Woher kommt die Erfindungskraft, die den Wohlstand bei uns sichert? Ist sie ...

Die vierte Dimension

Und ihre Anwendungen – Eine Theorie des Überlebensmechanismus. Autor: Carington, Walter Whately. Whately Carrington, ein prominenter Erforscher des Paranormalen aus dem frühen 20. Jahrhundert nimmt sich seltsamer und wunderbarer Themen an und ...

Die Wildnis ruft

Auf Safari in Ostafrika Autor: Heye, Artur Ende April des Jahres 1913 stieg der Autor Heye in Nairobi aus dem Zug der Urgandabahn, der damals zweimal in der Woche von Kisumu am ...

Durchblick Chemie

Praktische Grundlagen und Einführung in die anorganische, organische und Biochemie Klaus-Dieter Sedlacek, Lassar Cohn, Walther Löb Wollen Sie in unserer modernen Welt mitreden? Dann brauchen Sie den Durchblick! Dazu gehören auch Grundkenntnisse ...

Eine unerschrockene Frau reist um die Welt

Drei Bände in Neusatz und neuer Rechtschreibung. Autorin: Pfeiffer, Id. Zu ihrer Weltreise brach Ida Pfeiffer im Mai 1846 auf, über Hamburg gelangte sie nach Rio de Janeiro. In Brasilien entkam sie ...

Einfach logisch denken!

Oder die Gesetze des Denkens. Autor: Atkinson, Wilhelm Walker In diesem Buch werden die Methoden und Prinzipien der korrekten Anwendung des Denkvermögens aufgezeigt, und zwar auf eine einfache und klare Weise, ohne ...

Einsteins Relativitätstheorie ganz ohne Mathematik

Spezielle und allgemeine Relativitätstheorie Paul Kirchberger , Klaus-Dieter Sedlacek (Hrsg.) Man wird nicht selten gefragt, ob man eine Schrift wisse, die in die Einsteinsche Theorie für Laien so einführen könne, dass ...

Emergenz

Strukturen der Selbstorganisation in Natur und Technik. Hrsg.: Sedlacek, Klaus-Dieter. Das Universum erschien bis ins 19. Jahrhundert wie ein ablaufendes mechanisches Uhrwerk. Der Schock kam im frühen 20. Jahrhundert mit dem Aufkommen ...

Epigenetik-Experimente

Neuvererbung oder Beweise für die Vererbung erworbener Eigenschaften? Autor: Kammerer, Paul Der Biologe Paul Kammerer wurde durch seine Aufsehen erregenden Experimente zur Epigenetik berühmt. In einer seiner Versuchsserien verwendete er zwei Arten ...

Erwägungen zur Repräsentativ-Regierungsform

Neuübersetzung und Neusatz in Antiqua. Autor: Mill, John Stuart. Mills Hauptwerk zur politischen Demokratie, Erwägungen zur Repräsentativ-Regierungsform (Considerations on Representative Government), verteidigt zwei Grundprinzipien: die umfassende Beteiligung der Bürger und die aufgeklärte ...

Expeditionen zur Eroberung der Antarktis

Eine dramatische Entdeckungsgeschichte. Autor: Sedlacek, Klaus-Dieter (Hrsg.). Auf dem 6. Internationalen Geographischen Kongress 1895 in London verabschiedete man folgende Resolution: „Dieser Kongress ist der Meinung, dass die Erkundung der Antarktisregionen das größte ...

Feuer und Schwert im Sudan

Meine Kämpfe, Gefangenschaft und Flucht. Autor: Slatin Pascha, Rudolph. Wenn nicht kürzlich über vergleichbare Vorgänge berichtet worden wäre, könnte man sagen, dass die Berichte des damaligen Oberst im ägyptischen Generalstab völlig überholt ...

Freizeitvergnügen Sternenhimmel mit bloßem Auge

Wie man Sternbilder auffindet ohne Instrumente. Autor: Kirchberger, Paul. Der Anblick des gestirnten Himmels ist das Größte, das uns die Natur zu bieten vermag, und kein empfängliches Gemüt kann sich seinem Eindruck ...

Gebundener Wille

Das Problem der Willensfreiheit. Autor: Lipps, Gottlob Friedrich. Auf der Basis der philosophischen Darstellung der Gebundenheit des Willens von Gottlob Friedrich Lipps entwickelt der Autor und Herausgeber eine naturwissenschaftliche Theorie, welche unter ...

Gedanken sind Dinge

Ausgewählte Beiträge aus der Bibliothek des Weißen Kreuzes. Autor: Mulford, Prentice. Der menschliche Gedanke ist ein echtes Element, eine echte Kraft, die wie Elektrizität aus dem Geist eines jeden Mannes oder einer ...

Gefangen zwischen Eisschollen

Die Eroberung der Antarktis und des Südpols. Autor*innen: Sedlacek, Klaus-Dieter (Hrsg.) Dieses Buch erzählt und dokumentiert mit legendären Fotos, wie es unter dramatischen Umständen den Forschern Scott, Amundsen, Shackleton oder Byrd und ...

Geister, die ich gesehen habe

und andere übersinnliche Erfahrungen. Autor: Tweedale, Violet. Das Buch ist zweifacher Natur. Einerseits gibt die Autorin Berichte wieder, die unter anderem von ihren zahlreichen Freunden und Bekannten aus der Oberschicht stammen und ...

Geld vernünftig ausgeben

Über die richtige Art von Sparsamkeit Autor: Marden, Orison Swett Im Inhalt behandelte Punkte: – Wirtschaft ist keine Schikane, sondern das planvolle Handeln zur Befriedigung von Bedürfnissen. – Kapital ist der kleine Unterschied zwischen ...

Geschichte der Magie

Buch 1 bis 7 komplett – Mit den Verfahren, Riten und Myterien. Autor: Lévi, Eliphas. Die „Geschichte der Magie" von Eliphas Lèvi ist eine wunderbare Vorlage für spirituelle Sucher. Es beeinflusste bereits ...

Gestalt-Psychologie

Einführung in die neue Psychologie vom Begründer der Gestaltpsychologie Kurt Koffka , Klaus-Dieter Sedlacek (Hrsg.) Kurt Koffka hat als forschender Psychologe für dieses Buch zur Einführung in die Psychologie einen besonderen ...

Giganten der Physik

Die Top10-Physiker der Menschheitsgeschichte. Hrsg.: Sedlacek, Klaus-Dieter (Hrsg.). Den meisten Menschen sind Schöpfer von Kunst und Literatur vertraut, sie kennen unsere Staatslenker und Wirtschaftsführer, doch wer kennt die Giganten der Physik und ...

Giordano Bruno

Seine Lebensgeschichte. Autor: Riehl, Alois. Giordano Bruno war ein italienischer Priester, Dichter, Philosoph und Astronom. Er wurde durch die Inquisition der Ketzerei für schuldig befunden und zum Tode verurteilt. Bruno postulierte die ...

Göttinnen der Schönheit

Die elegante Frau vom 18. bis ins 20. Jahrhundert. Autorin: Aretz, Gertrude. Die Kunst und die Lust zu gefallen, anzuziehen und mit besonderer Betonung aller Reize zu verführen, sind in der Geschichte ...

Handbuch Klima und Klima-Änderungen

Allgemeine Klimalehre. Autor: Hann, Dr. Julius. Die Allgemeine Klimalehre erforscht und lehrt die Gesetzmäßigkeiten des Klimas, also des durchschnittlichen Zustandes der Atmosphäre an einem Ort sowie der darin wirksamen Prozesse. Klimatologische Erkenntnisse ...

Homöopathie und Praxis

Naturheilkundliche alternative Medizin für den mündigen Patienten. Autor: Voorhoeve, Jacob. Der Zweck des Buches ist es, den Leser mit der homöopathischen Heilweise näher bekannt zu machen. Unter Wahrung des wissenschaftlichen Charakters gibt ...

Im Banne der Südsee

Als Frau allein unter Menschenfressern, Sträflingen und Matrosen. Autorin: Karlin, Alma M. Die Journalistin Alma Maximiliane Karlin wurde vor allem bekannt durch ihre kurz nach dem Ersten Weltkrieg unternommene mehrjährige Weltreise und ...

Im dunkelsten Afrika

Die legendäre Emin-Pascha Expedition. Autor: Stanley, Henry M. Im Sudan, der ab 1821 unter die Herrschaft der osmanischen Vizekönige von Ägypten gekommen war, brach 1881 der Mahdiaufstand aus. Nach dem Abzug der ...

Ist echte Erkenntnis möglich?

Einführung in die Erkenntnistheorie. Autor: Becher, Erich. Die Erkenntnistheorie ist als besonderes Gebiet der Philosophie die philosophische Grundwissenschaft, die aller Spekulation und aller Wissenschaft vorangehen muss. Diese Einführung hilft dabei, echte Erkenntnis ...

Jenseits der Erscheinungen

Erkennbarkeit und Realität der Quantennatur. Autor: Schlick, Moritz. Es ist kein Zweifel, dass echte Erkenntnis der transzendenten Welt sehr wohl möglich ist. Die Wendung, zu der die Physik der letzten Jahre bzw. Jahrzehnte ...

Ketzer

Warum ich nichts für Ketzerei übrig habe. Autor: Chesterton, Gilbert K. „Ketzer" ist eine Sammlung von 20 Beiträgen von G. K. Chesterton. Während die Kapitel von „Ketzer" sich auf bekannte Persönlichkeiten beziehen, ...

Kleines Wörterbuch der Natur-Philosophie

1200 Begriffe, die man kennen sollte, kurz und prägnant. Herausgeber: Sedlacek, Klaus-Dieter. „Ein neues Wörterbuch der Natur-Philosophie? Wozu soll das gut sein? Schließlich gibt es doch ein riesiges, umfangreiches Internetlexikon in aller ...

Kometenfurcht

Komet und Weltuntergang: Die Gefahr aus dem All. Autor: Bölsche, Wilhel. Als 2006 der erdbahnkreuzende Komet 73P/Schwassmann-Wachmann 3 in einige Stücke zerbrach, war dies der Bild-Zeitung einen schaurigen Bericht unter dem Titel ...

Kompakte Einführung in die Erkenntnistheorie

Das Wesen der Wahrheit. Autor: Becher, Erich. Die Frage nach der Wahrheit und ihrer Sicherung liegt dem nach Erkenntnis strebenden Menschen besonders am Herzen, und so suchte man, wenn man nach Ursprüngen, ...

Kultur erleben mit dem Wohnmobil in Frankreich

Vierzig kulturelle Highlights, Park- und Übernachtungsplätze sowie Navigations-Koordinaten Klaus-Dieter Sedlacek (Hrsg.) Dieser Wohnmobilführer ist anders. Er hilft uns, Kulturerlebnisse zu einem Genuss werden zu lassen. Er enthält die Beschreibung von vierzig kulturellen ...

Kulturgeschichte Afrikas

Mit 164 Bildtafeln und 181 Figuren im Text. Autor: Frobenius, Leo. Mit gigantischer und wachsender Macht, in bisher ungeahnter Großartigkeit erscheint das Gebäude der afrikanischen Kulturgeschichte demjenigen, der näher hinschaut. Noch hält ...

Lad, geliebter Hund

Die Abenteuer des Collie Lad. Autor: Terhune, Albert Payson. Der Roman besteht aus zwölf Hunde-Abenteuern, die auf dem Leben des von Terhunes Rough Collie Lad

basieren, der in seinem wirklichen Leben existierte. Die
...

Leben aus Quantenstaub

Elementare Information und reiner Zufall im Nichts als Bausteine einer 4-dimensionalen Quanten-Welt. Autoren: Wrobel, Norbert; Sedlacek, Klaus-Dieter. Obwohl bereits vor mehr als hundert Jahren die Quantenphysik Gestalt annahm, setzte sich im Menschenbild
...

Leben in der Warmzeit der Erde

Aus den Urtagen vor dem heutigen Klimawandel Wilhelm Bölsche , Klaus-Dieter Sedlacek (Hrsg.) Der Weltklimarat schlägt Alarm. Die Lage spitzt sich zu: Die Erde erwärmt sich immer mehr. In diesem Buch geht ...

Leben nach dem Leben

Die Befreiung des Bewusstseins von den Fesseln der Zeit Klaus-Dieter Sedlacek Für uns Menschen hat die Frage nach dem zeitlichen Ende unserer Existenz eine hohe Bedeutung. Die Antwort, die der Glaube sucht, ...

Leben wir in einer Simulation?

Über die Gründe unseres Glaubens an die Realität der Außenwelt Autor: Eduard Zeller Wenn wir in einer Computersimulation leben würden, dann simuliert der Computer eine Virtuelle Realität, einschließlich passender Antworten auf den ...

Leonardo da Vinci

Seine naturwissenschaftlichen Studien und genialen Erfindungen Hermann Grothe , Klaus-Dieter Sedlacek (Hrsg.) Leonardo da Vinci versuchte, ein Phänomen zu verstehen, indem er es genau beobachtete und bis ins kleinste Detail beschrieb ...

Liebesbeziehungen und deren Störungen

Lebensführung nach den Grundsätzen der Individualpsychologie. Autor: Alfred Adler , Klaus-Dieter Sedlacek (Hrsg.). Um einen Menschen ganz kennenzulernen, ist es notwendig, ihn auch in seinen Liebesbeziehungen zu verstehen … Wir müssen ...

Losgesagt von Rom

Handeln und Empfinden einer verschworenen Gemeinschaft. Autor: Ohorn, Anton. Die Aufstellung des Dogmas der päpstlichen Unfehlbarkeit in Rom war ein Ereignis, welches die Gemüter der ganzen gebildeten Welt bewegte und die Herzen ...

Marco Polo

In zwei Welten Bd. 1 und Bd. 2 Autor: Colerus, Egmont Mit seinem zweibändigen Marco-Polo-Roman In Zwei Welten gelang Colerus der große Wurf. Es ist stilistisch eines seiner reifsten Werke. Der geschichtliche Marco ...

Massenpsychologie am Beispiel Jan Bockelsons

Geschichte eines Massenwahns mit einer Einführung von Sigmund Freud Friedrich Reck-Malleczewen , Klaus-Dieter Sedlacek (Hrsg.) Der Begriff Massenhysterie oder auch Massenwahn bezeichnet eine starke emotionale Erregung in großen Menschenmengen. Auch massenhaft ...

Mathe ganz einfach

Elementare Arithmetik und Algebra. Autor: Schubert, Hermann. Der vorliegende Band „Mathe ganz einfach" enthält die elementare Arithmetik und Algebra in ihren Grundzügen mit Einschluss der quadratischen Gleichungen und der Rechnungsarten dritter Stufe. ...

Mein Leben im Tropenparadies

Fünfundzwanzig Jahre in Ceylon – Erlebnisse und Abenteuer. Autor: Hagenbeck, John. Ein Mann des praktischen Lebens und ein Mann der Feder haben sich zusammengetan, um gemeinschaftlich in diesem Buch die Naturwunder und ...

Meine erste Weltumseglung

Tagebuch einer epochalen Expedition James Cook , Klaus-Dieter Sedlacek (Hrsg.) James Cook unternahm seine erste Weltumseglung im Rahmen einer wissenschaftlichen Expedition, um den Durchgang des Planeten Venus vor der Sonnenscheibe – ...

Memoiren der Comtesse Du Barry

Mit minutiösen Details über ihre gesamte Karriere als Favoritin von Louis XV. Autor: Lamothe-Langon, Etienne Leon. Die Bürgerliche Jeanne Bécu (1743 – 1793), arbeitete unter dem Namen Mademoiselle Lange zunächst im Etablissement ...

Mit der Beagle um die Welt

Bericht meiner Forschungsreise zum Galapagos-Archipel Charles Darwin , Klaus-Dieter Sedlacek (Hrsg.) Auszug aus Darwins Reisebericht: Ich habe die Reise mit zu tief empfundenem Entzücken gemacht, als dass ich nicht jedem Naturforscher empfehlen ...

Moderne Magie

Überlieferungen und Berichte unerklärlicher Phänomene weltweit. Autor: Schele De Vere, Maximilian. Das Buch „Moderne Magie" enthält eine Fülle von Berichten sowie eine umfangreichen Bibliographie der Überlieferungen und Berichte unerklärlicher Phänomene weltweit. Es ...

Mythen und Legenden der griechischen und römischen Antike

Ein Handbuch der Mythologie. Autor: Berens, E.M. „Es ist kaum nötig, auf die Bedeutung der Kenntnis der Mythologie einzugehen: unsere Gedichte, unsere Romane und sogar unsere Tageszeitungen wimmeln von klassischen Anspielungen; noch ...

Naturphilosophie

und Naturwissenschaft. Autoren: Sedlacek, Klaus-Dieter; Schlick, Moritz. Es die Aufgabe der Naturphilosophie, für das Gebiet der naturwissenschaftlichen Erkenntnis einen wesentlichen Beitrag zu leisten. Es sind jene Fragen, die auf die Klärung oberster ...

Naturphilosophie und Naturwissenschaft

Das Wesen der Naturgesetze. Autor: Schlick, Moritz. Die Naturphilosophie verhält sich zur Naturwissenschaft wie die Philosophie im Allgemeinen zur Wissenschaft überhaupt. So ist es die Aufgabe der Naturphilosophie, für das Gebiet der ...

Neue praktische Menschenkenntnis

Menschen richtig behandeln Autor: Verweyen, Johannes Maria Wer ist dieser Einzelmensch? Welches sind die Grundzüge seines seelischen und geistigen Wesens, seine Anlagen, Begabungen und Neigungen, seine Bestrebungen im positiven und negativen Sinne, ...

Optische Täuschungen

… und Illusionen, sowie ihre Ursachen. Autor: Reuss, August von . Optische Täuschungen bzw. Illusionen können nahezu alle Aspekte des Sehens betreffen. Es gibt Illusionen aller Art, Lichtblitze, Farbreize, Tiefenillusionen, geometrische Illusionen, ...

Peking – Paris im Automobil

Die legendäre 16.000 km – Rallye 1907. Autor: Barzini, Luigi. „Gibt es jemanden, der diesen Sommer eine

Fahrt per Automobil von Peking nach Paris unternehmen wird?", fragte die Pariser Zeitung Le Matin ...

Persönliche Anziehungskraft und psychische Beeinflussung

15 Lektionen zum Thema Gedankenkraft, Konzentration und Willenskraft. Autor: Atkinson, William Walker. Das, was wir als persönlicher Anziehungskraft bezeichnen, ist der subtile Strom von Gedankenwellen oder Gedankenschwingungen, die vom menschlichen Geist ausgestrahlt ...

Persönlichkeit und Unsterblichkeit

In welcher Form existiert ein Weiterleben nach dem zeitlichen Ende? Autor*innen: Ostwald, Wilhelm. Das hier veröffentlichte Buch ist die deutsche Übersetzung eines Vortrages, den der Nobelpreisträger Wilhelm Ostwald an der Harvard-Universität in ...

Phänomen Naturgesetze

Das Geheimnis hinter den Erscheinungen der Welt. Autor: Sedlacek, Klaus-Dieter (Hrsg.). Was uns an den beinahe mythischen Denkern der antiken Welt so fasziniert, ist die wundervolle, abgeschlossene Einheit ihres Weltbildes. Mit welcher ...

Plötzlich gesund

Medizinische Wunder und was dahinter steckt. Autor: Liek, Erwin. Man schätzt die Zahl der Menschen, die der Schulmedizin kein Vertrauen schenken, auf immerhin 50 Prozent. Wie kann es sein, daß Kurpfuscher immer wieder ...

Praktische Agitation

Prinzipien politischen Handelns. Autor: Chapman, John Jay. Die Fäden der Vorurteile und der Leidenschaft, die die Menschen miteinander verbinden, pulsieren mit Leben. All diese Mitbürger sind menschliche Wesen, und es gibt keinen ...

Praktisches Gedankenlesen

Ein Kurs mit praktischer Unterweisung zur Gedankenübertragung. Autor: William Walker, Atkinson. Fast jeder hat in seinem Leben schon einmal Erfahrungen mit Gedankenlesen oder Gedankenübertragung gemacht. Fast jeder hat die Erfahrung gemacht, dass ...

Psychologische Verkaufskunst

Denk- und Handlungsweisen, Vorgangsweise und Abschluss. Autor: Atkinson, Wilhelm Walker. In der Psychologie der Verkaufskunst gibt es zwei wichtige Elemente, nämlich (1) Die Psyche des Verkäufers; und (2) die Psyche des Käufers. Das zu verkaufende ...

Quantenbewusstsein

Natürliche Grundlagen einer Theorie des evolutiven Quantenbewusstseins. Autoren: Wrobel, Norbert; Sedlacek, Klaus-Dieter. Seltsam sind die physikalischen Gesetze, die unsere Welt wirklich beherrschen: Es sind die Gesetze einer makroskopischen Quantenwelt, in der alles ...

Quantentheorie

Eine kurze und prägnante Einführung. Autor: Kirchberger, Dr. Paul. Form und Inhalt des vorliegenden Bändchens bestimmen sich dadurch, das es eine in sich abgerundete und verständliche Darstellung seines Gegenstandes sein will. Von ...

Real Life After Life

The liberation of consciousness from the shackles of time. Autor: Sedlacek, Klaus-Dieter. For us humans the question of the temporal end of our existence is of great importance. The answer that faith ...

So aktivierst du unbekannte Gedankenkräfte

Geistige Lebensgesetze und seelische Welten. Autor: Peters, Emil. Nur wer seinen Gedanken gebieten kann, gebietet auch dem äußeren Leben. Denn unsere Gedanken sind unser Leben. So wird der planvoll Denkende überall der Überlegene ...

Sree Krishna, der Herr der Liebe

Der Hinduismus von einem Guru erklärt. Autor: Premanand Bharati, Baba. Wie kommt es, dass jeder Mann, jede Frau und jedes Kind jede Minute auf der Suche nach dem einen oder anderen Glück ...

Strahlende Kräfte durch positives Denken

Wege zum Glück. Autor*innen: Peters, Emil. Aus dem Inhalt: – Die Macht deiner Gedanken – Die Heilkraft der Seele und des Willens – Von den geistigen Verbindungen der Menschen – Beherrsche dein Leben und dein Schicksal – ...

Supervereinigung

Wie aus nichts alles entsteht. Ansatz einer großen einheitlichen Feldtheorie. – Neuausgabe -. Autor: Sedlacek, Klaus-Dieter. Unter Physikern herrscht allgemein Übereinstimmung darin, dass die fundamentale Wirklichkeit unserer Welt aus Feldern besteht. Bei ...

Technik in der Antike

Die erstaunlichsten Errungenschaften der antiken Technik. Autor: Diels, Hermann. Die antiken Mechaniker hatten erfolgreich die Grundlagen einer neuen Wissenschaft gelegt, die erst in der Neuzeit übertroffen wurde. Weniges war allerdings neu: Hebel ...

The great god Pan / Der große Gott Pan – zweisprachig

Horror story English – German / Horror Geschichte Englisch – Deutsch. Autor: Machen, Arthur. The Great God Pan is a horror and fantasy novel by the Welsh writer Arthur Machen. Machen was ...

Treibhauseffekt und Klimawandel

Energiewende, ja bitte, aber nicht wegen CO2. Von Sedlacek, Klaus-Dieter (Hrsg.) Dieses Buch dokumentiert zum Thema Klimawandel und CO2 teils unbequeme wissenschaftliche Fakten bzw. Meldungen und die dazugehörigen Quellen. Sie sind eingeladen, ...

Über die Freiheit

Neuübersetzung und Neusatz in Antiqua. Autor: Mill, John Stuart. Mill vertrat die Ansicht, dass der Einzelne frei sein sollte, das zu tun, was er will, solange er anderen keinen Schaden zufügt. Er ...

Über die Gewissheit von Vorhersagen

Wahrscheinlichkeiten abschätzen. Autor*innen: Sedlacek, Klaus-Dieter (Hrsg.) Dieses Buch hilft, Wahrscheinlichkeiten besser beurteilen zu können. Zum Inhalt: – Wie einfache Überlegungen zu den Grundprinzipien von Vorhersagen führen – Die Klassenlotterie – Die Grundlage der Lebensversicherung – Können ...

Über Menschenaffen, Tierseele und Menschenseele

und Früchte vom Baum der Erkenntnis Autor: Bölsche, Wilhelm Wir sind dem wahren Geheimnis der Menschwerdung noch nie so nahe gewesen, als der Psychologe Wolfgang Köhler in dem kleinen Schimpansenparadies von Teneriffa ...

Unsterbliches Bewusstsein

Raumzeit-Phänomene, Beweise und Visionen – Taschenbuchausgabe Klaus-Dieter Sedlacek In diesem Buch geht es weder um Glauben noch um Esoterik, sondern um Beweise. Glaubwürdige, wissenschaftliche Beweise, die in eine Form gepackt sind, dass ...

Vereinbarkeit von Religion und Naturwissenschaft

Lösung des Zwiespalts zwischen Wissen und Glauben. Autor: Laßwitz, Kurd. Religion ist offensichtlich das Gefühl des Vertrauens auf eine unendliche Macht. Dagegen ist die Natur nicht ein Gefühl, sondern eine Realität. Diese ...

Vom Einmaleins zum Integral

Mathematik für Jedermann. Autor: Colerus, Egmont Colerus nimmt die dankenswerte, aber auch schwierige Aufgabe auf sich, Freunde und Feinde der Mathematik zu versöhnen. Es gibt eine große Anzahl Menschen, die sich konstitutionell ...

Vom Jenseits der Seele

Die Geheimwissenschaften in kritischer Betrachtung. Autor: Dessoir, Max. „Es mag der ... Psychologie unendlich schwer fallen, in Gebiete sich zu dehnen, die verständlich werden nur vom Standpunkt eines wirklichen Transzendent-Seelischen, eines von ...

Von Pythagoras bis Hilbert

Geschichte der Mathematik für jedermann. Autor: Colerus, Egmont. Colerus ist der berufene Autor, der die Epochen der Mathematik darzustellen vermag. Nur er hat die Gabe, wissenschaftliche Dinge so darzustellen, dass sie jedermann ...

Wahrscheinlichkeitsrechnung

Autor: Markoff, A. A. In diesem Buch entwickelt der Autor die Wahrscheinlichkeitsrechnung als eine mathematische Disziplin, ohne sich mit ausführlicher Betrachtung ihrer mehr oder weniger wichtigen Anwendungen zu befassen. Ohne lange Erwägungen ...

Warum wir lachen

Essays über die Bedeutung des Komischen. Autor: Bergson, Henri. In diesem großartigen philosophischen Essay, der zu Beginn des 20. Jahrhunderts geschrieben wurde, stellt Henri Bergson die Frage, warum die Menschen lachen und ...

Was sind Wirklichkeiten?

Aufgedeckte Naturgeheimnisse. Autor: Laßwitz, Kurd. In diesem Buch nimmt der Autor Stellung zu Fragen folgender Art: Lässt uns die Natur in ihre Werkstatt blicken? Wie hängen Bewusstsein und Natur zusammen? Was ist ...

Wege zum Glück

... durch die Macht der Gedanken. Autor: Peters, Emil. „Lass nur solche Gedanken in dich einströmen, die dein Leben und dein Wesen edler, reicher und schöner machen! “ Dies ist einer der Merksätze, ...

Wege zur Physikalischen Erkenntnis

Meine wissenschaftliche Selbstbiographie, Reden und Vorträge Max Planck , Klaus-Dieter Sedlacek (Hrsg.) Diese erweiterte Neuauflage des Buchs „Wege zur physikalischen Erkenntnis" enthält neben der wissenschaftlichen Selbstbiographie folgende Vorträge: Die Einheit des physikalischen ...

Wie der Zufall zu Entdeckungen führt

Das Gesetz im Zufall. Autor: Cantor, Moritz. Zufall wurde es Jahrhunderte lang genannt, wenn der Wind von Süd nach Südwest, von Nord nach Nordost umzuschlagen pflegte und nicht etwa die entgegengesetzte Veränderung ...

Wie die Alchemie zur Chemie wurde

Geschichte der Chemie. Autor: Ostwald, Wilhelm. Einführend berichtet Justus Liebig, wie die voller Geheimnisse steckende Alchemie die Grundlagen der heutigen Chemie geschaffen hat. Der visionäre Nobelpreisträger Wilhelm Ostwald, der den Übergang zur ...

Wie Ehrgeiz zum Erfolg führt

und zu einem höheren Ziel im Leben. Autor: Marden, Orison Swett. Was immer uns im Leben begegnet, erschaffen wir zuerst in unserer Mentalität. So wie das Gebäude in all seinen Details im ...

Wie intelligent sind Pflanzen?

Sensationelle Einblicke in die geheime Seite des pflanzlichen Wesens Autoren: Wagner, Adolf; Sedlacek, Klaus-Dieter In diesem Buch behandeln die Autoren Fragen zum Thema Intelligenz und Bewusstsein bei Pflanzen und geben Antworten. Der ...

Wie man seinen 24Std-Tag organisiert

und mehr Zeit gewinnt für das wirkliche Leben. Autor: Bennett, Arnold. Nach Ansicht des Autors Arnold Bennnett besteht das Leben der meisten Angestellten darin, nur für ihren Lebensunterhalt zu arbeiten, aber er ...

Wie man seinen Verstand benutzt

Und seine Willenskraft stärkt. Ein praktisches Handbuch der Psychologie. Autor: Atkinson, Wilhelm Walker. Der Mechanismus der psychischen Zustände – die geistige Maschinerie, mit deren Hilfe wir fühlen, denken und wollen – ...

Wissenschaftliche Parapsychologie

Autor: Driesch, Hans. Mit den »mystischen«, »irrationalen« Neigungen hat die Parapsychologie gar nichts zu tun. Sie ist Wissenschaft, ganz ebenso, wie Chemie und Geologie Wissenschaften sind. Unmittelbar »schauen« tut sie gar ...

Zahlentheorie

Autor: Hensel, Kurt. Als die Aufgabe der elementaren Zahlentheorie kann die Aufsuchung der Beziehungen bezeichnet werden, welche zwischen allen rationalen ganzen oder gebrochenen Zahlen m einerseits und einer beliebig angenommenen festen ...

Zeichnen für Einsteiger

Achtzehn Lektionen in naturalistischem Zeichnen. Autor: Furniss, Dorothy. Magst du die Malerei? Ist Zeichnen für dich interessant? Hast du einen Bleistift, eine Schachtel Kreide oder einen Malkasten? Denn wenn du auch nur ...

Zeit und Willensfreiheit

Die unmittelbaren Gegebenheiten des Bewusstseins. Autor: Bergson, Henri. Zeit und Willensfreiheit: Ein Essay über die unmittelbaren Gegebenheiten des Bewusstseins (französisch: Essai sur les données immédiates de la conscience) ist Henri Bergsons Doktorarbeit, ...